Le baron RAVERAT

LA VALLÉE DU RHONE

DE LYON A LA MER

(En Bateau à Vapeur)

SE TROUVE :

CHEZ LES PRINCIPAUX LIBRAIRES DE LA RÉGION
Et sur les Bateaux de la Cie Gle de Navigation

1880

Compagnie Générale de Navigation

SOCIÉTÉ ANONYME AU CAPITAL DE FR. 3.000.000

SIÈGE SOCIAL : *11, Cours Rambaud, à Lyon*

BATEAUX A VAPEUR DU RHONE
TRANSPORT DE VOYAGEURS ET MARCHANDISES
Service spécial et rapide
ENTRE

LYON, VALENCE ET AVIGNON

DESSERVANT :

Givors, Vienne, Condrieu, Chavanay, Bœuf, Serrières, Andance *(Annonay)*, St-Vallier, Tournon *(Tain, Romans, Le Cheylard, La Mastre, Desaigne)*, VALENCE *(Chabeuil, Romans, Loriol, Livron, Vernoux)*, La Voulte, Le Pouzin *(Privas)*, Le Teil *(Montélimar, Vals, Aubenas)*, Bourg-Saint-Andéol *(Valréas)*, Pont-Saint-Esprit *(Bagnols)*, Revestidou, *(Caderousse, Orange)*, Montfaucon-Roquemaure, AVIGNON *(l'Isle, Cavaillon, Carpentras, Apt, Pertuis, Saint-Rémy, Lignes de Marseille et du Midi)*.

A l'arrivée du bateau, MM. les voyageurs trouveront des voitures à leur disposition au Revestidou *pour aller à Orange*, et à Avignon *pour aller en ville ou à la gare.*

Ponton d'embarquement, quai de la Charité, en face de la place Bellecour.

Voir au dos le prix des places.

PRIX DES PLACES :

de LYON à	1res	2^{es}	Aller et Retour	
			1res	2^{es}
Givors	1 »	0 75	1 50	1 25
Vienne	1 75	1 25	2 50	2 »
Condrieu	2 »	1 50	3 »	2 50
Chavanay	2 50	1 75	4 »	3 »
Bœuf	3 »	2 »	4 50	3 25
Serrières	3 50	2 25	4 50	3 50
Andance	4 »	2 50	4 50	3 50
Saint-Vallier	4 50	2 75	6 »	4 50
Tournon	5 »	3 50	7 »	5 »
Valence	6 »	4 »	7 50	5 50
La Voulte	6 50	4 50	9 »	6 »
Le Pouzin	7 »	4 75	9 »	6 50
Le Teil	8 »	5 50	11 »	8 »
Bourg-Saint-Andéol ...	9 »	6 50	13 »	9 »
Pont-Saint-Esprit	9 50	7 »	15 »	10 »
Revestidou	11 »	8 »	16 »	11 »
Montfaucon	11 »	8 »	16 »	11 »
Avignon	14 »	9 »	17 »	11 »

Les billets ALLER et RETOUR sont valables pendant 15 jours.

Chaque voyageur a droit à 35 kilos de bagages.

RESTAURANT CONFORTABLE A BORD
Prix modérés

SERVICES POUR MARCHANDISES

sur le Rhône, la Saône, la Seille, la Seine et les canaux de Beaucaire, du Centre, de Bourgogne, du Rhône au Rhin et de l'Est.

LA VALLÉE DU RHONE

DE LYON A LA MER

(En Bateau à Vapeur)

LE BARON RAVERAT

Le baron RAVERAT

LA VALLÉE DU RHONE
DE LYON A LA MER

(En Bateau à Vapeur)

SE TROUVE :

CHEZ LES PRINCIPAUX LIBRAIRES DE LA REGION
Et sur les Bateaux de la Cie Gle de Navigation

1889

INTRODUCTION

Sous le rapport des communications fluviales, la France est une contrée vraiment favorisée. Le Rhône en dessert toute la partie sud-est, depuis la Suisse jusqu'à la mer. Par la Saône, on pénètre dans l'intérieur, jusqu'au cœur même de notre beau pays. Puis, par un don tout spécial, ces deux grandes artères ne sont séparées de la Loire, de la Seine, du Rhin, de l'Escaut, de la Meuse, de la Moselle et de leurs nombreux affluents que par d'étroites zônes de terrain que l'on peut facilement franchir.

Ces avantages naturels avaient été déjà signalés par César, Polybe, Tite-Live, Strabon, Ptolémée, Dion Cassius, Ammien-Marcellin et autres géographes de l'antiquité.

Voici ce que dit Strabon tout particulièrement : Les lits des fleuves de la Gaule sont, les uns à l'égard des autres, si heureusement disposés par la nature, que l'on peut transporter aisément les marchandises de la Méditerranée à la mer du Nord et réciproquement.

Mais, depuis lors, les seuils ou bandes de terre qui séparent ces divers cours d'eau ont été coupés par des canaux reliant tous ces fleuves entre eux, au grand avantage des rapports commerciaux.

*
* *

Les premiers négociants grecs, établis sur les côtes de la Méditerranée plusieurs siècles avant l'ère chrétienne, remontaient le Rhône et la Saône, sur lesquels existaient déjà de nombreux marchés où les Gaulois venaient échanger les produits de leur sol contre les marchandises du Midi et de l'Orient. La navigation de ces fleuves avait lieu à l'aide de grossières embarcations desservies par des mariniers, auxquels succéda plus tard la puissante et célèbre corporation des Nautes, établie par l'empereur Auguste. Les cours d'eau étaient alors, sinon le seul, mais le plus sûr moyen de transport; et, pour nous servir d'une heureuse expression, juste autrefois comme encore de nos jours, ce sont de véritables chemins qui marchent.

Par sa position, au confluent de ces deux grandes artères, à proximité des nombreuses lagunes auxquelles il devrait son nom, notre vieux Lugdunum était, longtemps déjà avant l'arrivé des Romains, le plus vaste emporium des Gaules, l'entrepôt du monde oriental qui, par le bassin de la Méditerranée, se reliait avec le monde occidental.

Cet admirable réseau, joint aux deux grandes voies créées par le génie de Rome, voie Domitienne et voie Narbonnaise, longeant l'une et l'autre les deux rives du Rhône, assura dès lors et jusqu'à nos jours la suprématie commerciale de Lyon.

* * *

L'importance de la vallée du Rhône n'avait fait qu'augmenter. C'était aussi par là que passèrent les hordes des Barbares du Nord et ceux du Midi pour venir s'abattre sur Lyon et ravager les provinces voisines.

Mais, hâtons-nous de le dire, le fleuve capricieux, vagabond, est demeuré longtemps à peu près tel que la nature l'avait créé ; il se creusait un nouveau lit à chaque crue. Là où la veille existait un chenal navigable, on voyait le lendemain un banc de sable ou de gravier qui, à son tour, changeait bientôt de place. Il abandonnait une rive pour se porter sur l'autre, en détruisant les chemins de halage et formant une multitude d'îles, d'îlots et de hauts-fonds, au milieu desquels le pilote osait à peine s'aventurer : obstacles nombreux, navigation difficile et précaire...

De plus, les chemins de halage, étaient tantôt sur la rive droite, tantôt sur la rive gauche ; d'où, perte de temps et dangers de toute sorte pour traverser et retraverser le fleuve, afin de se porter, soit sur les terres du *Royaume* soit sur celles de l'*Empire*, antiques expressions encore en usage dans la vallée du Rhône (1).

Que faire, d'ailleurs, avec l'ancien système de remonte par les *Rigues*, qui malgré l'expérience du *baïle* et des *mudeïres*, le dévouement de l'équipage et la vigueur de

---

(1) Ces deux expressions remontent au XIe siècle, époque où les états de Rodolphe III, dernier souverain de Bourgogne, passèrent sous la suzeraineté des empereurs d'Allemagne au détriment de celle des rois de France. Dès lors, le Rhône forma, de Lyon à la mer, la limite naturelle du royaume de France et de l'empire d'Allemagne.

Elles se conservèrent, chez les populations riveraines, surtout chez les mariniers qui naviguaient sur le fleuve. Or, pique au *Riau !* pique à l'*Empi !* devinrent deux termes le plus fréquemment employés dans les manœuvres pour indiquer qu'il fallait se diriger sur la rive droite ou sur la rive gauche, du côté du Vivarais ou du côté du Dauphiné.'

l'attelage, demeuraient un mois et plus pour venir d'Arles jusqu'à Lyon?

* * *

Vers 1830, les bateaux à vapeur font leur apparition sur le Rhône, et la remonte des rigues, très pittoresque par le nombre et la beauté des chevaux qui les tiraient, tend à disparaître.

Ce furent d'abord quelques bateaux de faible dimension qui s'occupaient du transport des voyageurs et des marchandises; mais grâce à l'initiative des Lyonnais, aux progrès de la mécanique et aux bénéfices réalisés, la flotte du Rhône augmenta rapidement le nombre et surtout les dimensions de ses bateaux.

A un moment donné, il existait sur le Rhône plus de dix compagnies qui faisaient naviguer cinquante bateaux dont la longueur et la force augmentaient chaque année. En effet, on avait remarqué que, pour vaincre plus facilement le courant du fleuve et franchir les passages difficiles, il fallait des bateaux peu larges, fort longs et d'un tirant d'eau très faible.

Les deux plus grands qui furent construits au Creusot pour le compte de MM. Bonnardel frères : *Océan* et *Méditerranée*, mesuraient 157 mètres de longueur, 6 mètres 35 de largeur ; leurs machines pouvaient développer 1200 chevaux de force, et ils remontaient 625,000 kilogrammes chacun, tandis que l'un des premiers vapeurs n'avait que 39 mètres de longueur avec une machine de 50 chevaux.

Après une période de grande prospérité qui dura jusqu'en 1854, la navigation du Rhône commença à péricliter, par suite de la concurrence nouvelle des chemins de fer et surtout à cause du mauvais état de navigabilité du fleuve qui imposait des chômages prolongés et ruineux à la batellerie.

**

Mais aujourd'hui, grâce à l'intervention de nos chambres de Commerce, qui, de tout temps, ont attaché la plus grande importance à la navigation intérieure et ont constamment réagi contre son délaissement; grâce surtout à de plus justes appréciations motivées par les exigences des compagnies de chemins de fer, un retour s'est opéré en faveur de la batellerie; on est revenu à reprendre cette voie fluviale, dont la nature a si généreusement doté notre pays.

A la suite d'essais parfois infructueux, après de longues études sur le régime du fleuve, nos ingénieurs sont parvenus à faire disparaître les principaux obstacles qui entravaient la navigation. Ils ont supprimé des passages dangereux en redressant des sinuosités trop accusées; ils ont créé des barrages qui empêchent les eaux de se perdre dans des branches désormais inutiles, et substitué aux hautes digues des digues submersibles, qui ont pour avantage de maintenir le courant principal dans un chenal constamment praticable, suffisant pour assurer à nos bateaux à vapeur un parcours exempt d'arrêts forcés, d'accidents, de dangers. Enfin, on a eu raison de ce fleuve que Vauban lui-même avait qualifié d'*incorrigible*.

*
* *

Ainsi l'Etat porta toute son attention sur cet admirable réseau naturel; il a libéralement contribué à l'amélioration simultanée du Rhône et de la Saône; amélioration qui par l'ouverture du bassin maritime de Port-Saint-Louis, permet d'atteindre Marseille en évitant les passes si dangereuses des embouchures du fleuve, et vient compléter la jonction des quatre mers qui baignent les côtes de la France.

Tous ces avantages heureusement réalisés sont menacés par les projets de canaux de dérivation des eaux du Rhône, au profit supposé de l'agriculture de certaines régions du Midi ; cette dérivation amènerait naturellement l'abaissement du niveau d'eau du fleuve et compromettrait une navigation régulière et importante pour des résultats problématiques. Il faut espérer que ces projets n'aboutiront pas.

Rien de tout cela ne saurait nous laisser indifférent. Industrie et Commerce, tous y sont intéressés dans la plus large mesure.

***

Tous les anciens services de navigation qui ont existé sur le Rhône se sont successivement fusionnés, et ont ainsi formé la Compagnie Générale de Navigation actuelle qui aujourd'hui est seule à représenter la navigation à vapeur sur le fleuve. Son trafic augmente sensiblement depuis quelques années, tant sur le Rhône que sur la Saône et les canaux du centre de la France qu'elle dessert par des services réguliers.

Le Président de la Compagnie est M. Jean Bonnardel, fils et neveu des Bonnardel, ancienne et puissante maison de navigation, dont le nom est des plus populaires dans la vallée du Rhône,

Depuis 1881, la tête de ligne de la navigation du fleuve a été installée à Port-Saint-Louis, au grand profit du Commerce lyonnais qui trouve de grands avantages à la communication directe entre la batellerie et les navires.

*
* *

De Lyon à Port-Saint-Louis et à la mer, le Rhône mesure 326 kilomètres de parcours ; il a une pente moyenne d'un demi-millimètre par mètre ; la différence d'altitude est donc de 168 mètres environ, mesurée sur la digue séparative de la Mulatière. Il verse à la Méditerrannée 14,000 mètres cubes d'eau par seconde en grande crue et 550 seulement à l'étiage ; c'est le plus rapide des fleuves de l'Europe. Il charrie annuellement cinq millions de mètres cubes de gravier, sable, limon et autres sédiments, qui repoussent sans cesse dans la mer les côtes et les embouchures du fleuve.

* * *

Quels sont les artistes, les simples voyageurs même qui, au lieu d'être pressés dans ces espèces de boîtes appelées vagons, ne préfèrent les bateaux à vapeur, sur lesquels on peut se promener au grand air, abrité du soleil sous d'élégantes vérandas ou dans un rouf à l'américaine, à l'installation aussi confortable que luxueuse et coquette ?...

De là, les yeux se portent tour à tour sur l'une et l'autre rive du grand fleuve, sur des paysages enchanteurs et des plus variés, sur des villes populeuses et sur des ruines féodales qui couronnent les crêtes déchirées de longues chaînes de rocher... N'est-ce pas là, avouez-le, un tableau comparable aux tableaux trop vantés que présente le Rhin, qui va finir tristement dans les brumes et les marécages de la mer du Nord, tandis que notre Rhône, *nostrou béou Rosé esclargi per lou soulèou dou la Prouvenço*, se dirige fièrement vers cette mer azurée qui caresse avec amour les rivages méditerranéens, chantés par les poètes de toutes les époques?...

LE BARON RAVERAT,

Officier d'Académie,

Ancien président de la Société littéraire, Correspondant de plusieurs Sociétés savantes et membre de la Commission des Bibliothèques de Lyon.

DÉPART DE LYON

(RIVE DROITE)

Il est six heures du matin ; le soleil darde ses premiers rayons ; le bas-port du quai de la Charité, le ponton et l'embarcadère des bateaux de la Compagnie Générale de Navigation sont encombrés de ballots de marchandises et de colis de toutes sortes. L'animation est grande ; c'est un va-et-vient continuel de portefaix et de voyageurs. La cloche fait entendre le dernier signal ; la vapeur impatiente s'échappe en sifflant. Chacun est à son poste ; les amarres sont levées : on part, on est parti....

La manœuvre est rendue difficile par la présence d'un banc de graviers, sans cesse enlevé, sans cesse renouvelé, qui encombre le lit du

Rhône et ne laisse qu'une place insuffisante pour que le bateau puisse virer de bord. Il descend lentement à reculons au fil de l'eau; puis, à l'extrémité de cet obstacle, il en rencontre un autre: c'est la passerelle provisoire du pont du Midi, dont le tablier surbaissé permet à peine au bateau de passer. Au-delà, le *Gladiateur* n° 1, sur lequel nous avons pris passage, se retourne et prend alors une course régulière.

Le viaduc en fonte du P.-L.-M, la manufacture des Tabacs, l'Hôpital militaire, le quai de la Charité, la Faculté de médecine, le fort de la Vitriolerie, les guinguettes de la Mouche fuient rapidement derrière nous. On longe la belle allée Perrache, la prison et l'abattoir, et on arrive en vue de la Mulatière, devant le pont qui sert de passage au chemin de fer et à la route de terre.

Ici, à l'extrémité de la digue séparative, un barrage retient les eaux de la Saône et les fait refluer en amont jusqu'à celui de l'Ile-Barbe. La largeur du Rhône est doublée par le tribut que vient lui verser la rivière.

Le départ de Lyon offre un spectacle merveilleux. Fourvière, sa colossale église et les autres monuments de notre ville n'apparaissent plus aussi distinctement. Le coteau de Sainte-Foy, le clocher du village, un fort et ses glacis, des maisons de plaisance et leurs massifs de verdure finissent à leur tour par se voiler au fur et à mesure que le vapeur nous entraîne.

Voici d'un côté, les usines de la Mulatière, les grands ateliers du chemin de fer et la Saulée d'Oullins; de l'autre côté, la plaine de Saint-Fons, où quelques-uns de nos historiens placent la dernière bataille que se livrèrent Albin et Septime-Sévère, ces deux compétiteurs à l'empire romain.

Là, aussi, les Druides, la faucille d'or en main, venaient de l'Ile-Barbe, le premier jour de l'année, cueillir en grande cérémonie le gui sacré dans les vastes forêts de chênes qui couvraient alors la contrée.

A travers les hautes cheminées des usines établies dans ces quartiers, on aperçoit le village de Vénissieux, l'asile de Bron et celui dirigé par les frères de Saint-Jean-de-Dieu.

Sur les deux rives du fleuve, le spectacle se

renouvelle sans cesse; c'est un véritable tableau mouvant qui rappelle à nos souvenirs ce panorama animé que, il y a bien des années, nous admirions dans l'une des salles du Jardin d'Hiver, aux Brotteaux. On voyait se dérouler devant soi une longue toile sur laquelle était représenté le cours du plus grand fleuve de l'Amérique du Nord, le Mississipi, depuis les déserts où il prend naissance jusqu'aux me... à il termine sa longue carrière.

Ce tableau, nous le revoyons devant nous, non plus sur une toile peinte; non plus dans une salle de spectacle, mais en plein air, en plein soleil, et tel que la nature l'a composé avec les couleurs dont elle seule a le secret.

A l'abri sous des vérandas, dans le rouf, ou se promenant sur le pont, les voyageurs jouissent d'un splendide panorama qui passe trop vite à leur gré. On se demande le nom des villages, des églises, des châteaux qui surgissent sur l'une et l'autre rive de notre fleuve au cours si majestueux.

Voici le célèbre pensionnat des Dominicains, ancienne résidence des archevêques de Lyon; Haute-Roche et Yvours dont les pavillons grisâtres émergent de hautes frondaisons. Voici le Perron, somptueuse demeure bâtie par une famille florentine au XVIᵉ siècle, aujourd'hui asile de vieillards infirmes; la villa de Longchêne, témoin des fêtes que jadis y donnait la noblesse lyonnaise, et de nos jours consacrée par l'impératrice Eugénie à des convalescents; le clocher pointu de Saint-Genis-Laval et le château de Beauregard où logèrent Marie de Médicis et le jeune Henri de Navarre.

On longe Pierre-Bénite qui rappelle d'antiques cérémonies druidiques et des processions chrétiennes sous la conduite du clergé de Vienne et du clergé de Lyon qui, au Moyen-Age, se rencontraient là le jour de la fête des Merveilles.

Le grand Rhône passait jadis au pied de cet énorme bloc granitique où s'élevait une croix, objet de la vénération des mariniers, auxquels un saint ermite donnait sa bénédiction, tout en leur promettant une heureuse navigation.

On y voit aujourd'hui une lône tranquille; des prairies, des saulées, des brotteaux et des îles sur la plupart desquelles est assise la voie ferrée de Saint-Etienne.

L'île de Pierre-Bénite est située entre cette lône et le principal bras du fleuve. Remarquable par la fraîcheur de ses pelouses et de ses ombrages, elle devait être, il y a peu d'années, transformée en un Eden-Parck, en une Ile-Enchantée, par une société de capitalistes lyonnais. Malgré les plus mirobolantes réclames, ces beaux projets ne purent aboutir.

Le débouché de la lône a acquis un sinistre renom dans la localité. Par la disposition de son cours et les remous qu'il y produit, le Rhône rejette là les cadavres des hommes et des animaux noyés, les débris des bateaux naufragés et toutes les épaves que les flots entraînent avec eux. Là aussi on recueillit les corps mutilés de cent quarante Lyonnais mitraillés dans la plaine des Brotteaux, en 1793, et précipités dans le fleuve.

Là enfin, pendant qu'il prenait un bain en compagnie d'un de ses amis, se noya Léon Boitel qui avait occupé une place distinguée dans le monde des Lettres et fondé la *Revue du Lyonnais*. Cet événement arriva le 2 août 1840.

Non loin de cette lône, au sommet d'une douce colline, s'élèvent le village d'Irigny et son élégant clocher, attribué à l'architecte Soufflot.

Un souvenir à Thérèse et Faldoni. Dans la chapelle d'une propriété assise au pied de la colline, au hameau de la Sellette, se dénoua le drame émouvant qui se termina par la mort des deux amants, dont le nom est demeuré si populaire dans les traditions lyonnaises, depuis l'année 1770.

Sur la rive gauche, qui appartient à l'Isère, le Rhône divague au milieu de terres basses où il a creusé une infinité de lônes et formé les îles de l'Archevêque, de Bonnebouche et du Tour. Au dessus, le clocher moderne de Feyzin, d'un style roman très simple, fait un admirable pendant à celui d'Irigny; de même que les deux forts construits sur l'un et l'autre coteau complètent la défense de Lyon dans sa partie méridionale.

Les collines se sont rapprochées du lit du fleuve; les deux chemins de fer, rive gauche et rive droite, sont tracés à leur base; le sifflet des locomotives anime le paysage et la fumée forme comme un panache ou une longue traînée au-dessus de la cime des arbres.

Notre vapeur passe devant Vernaison, à la jolie église, aux maisons échelonnées le long de la route, ancienne voie Narbonnaise, sur le bord du Rhône et sur les pentes d'une verte colline. On y voit une belle habitation, qui sert de retraite aux prêtres que l'âge ou les infirmités tiennent éloignés du service des autels.

Une traille relie ce village à ceux de Sérezin et de Solaise, l'un et l'autre situés sur l'ancienne voie Domitienne, à l'embouchure de l'Ozon. Solaise est remarquable par un tumulus gaulois et une colonne milliaire érigée la troisième année du règne de l'empereur Claude. Plus haut, en remontant le ruisseau qui actionne moulins et usines, on entrevoit le gros bourg de Saint-Symphorien assis sur la route de terre et renommé par les foires qui y attirent les gens de la province.

Mais le *Gladiateur* nous entraîne dans sa course rapide : voici la Tour-de-Millery ; voici Grigny et sa tour de péage bâtie par les archevêques de Lyon ; voici Ternay avec son clocher carré, datant du XIIe siècle et bien connu des artistes et des archéologues lyonnais.

Avant d'arriver à Givors, un magnifique

pont-viaduc, pierre et fonte, jeté sur le Rhône, sur ses îles, sur ses lônes, à travers ses brotteaux, relie les voies ferrées de la Méditerranée à celles du Bourbonnais.

En face, dans la partie intérieure du coude formé par le fleuve, et au débouché des vallées du Gier et du Garon, la ville de Givors, à l'atmosphère obscurcie par la fumée d'une multitude d'usines, est assise au pied de collines, tantôt arides, tantôt cultivées, et qui, par une succession de larges étages, vont rejoindre les cimes de l'orgueilleux Pilat, que l'on aperçoit surgir à l'horizon.

PONTON DE GIVORS

22 kilomètres de Lyon

(RIVE DROITE)

Petite place forte au Moyen-Age, surmontée d'un vieux château et d'un vieux monastère, Givors, flanqué de vieilles murailles, joua un certain rôle alors que l'Eglise de Lyon guerroyait contre l'Eglise de Vienne, et plus tard pendant les guerres de religion du XVIe siècle.

Après avoir été longtemps l'entrepôt général des houilles de la vallée du Gier, Givors, quoique privé de cet avantage, ne continue pas moins à être très animé par de hauts-fourneaux, des forges, des établissements métallurgiques et d'importantes verreries. Le canal, cause première de sa fortune, est délaissé en faveur des chemins de fer dont les diverses lignes se croisent dans la ville même.

A l'extrémité de la ville, un pont suspendu relie entre elles les deux rives du fleuve et aboutit en face du petit castel de Châsse à demi-caché derrière un rideau de beaux arbres où les yeux s'arrêtent avec plaisir.

De style italien, il est orné d'une terrasse à balustres et d'une gracieuse tourelle. Richelieu y séjourna. Son Eminence remontait le Rhône dans un bateau transformé en une chambre somptueuse, tapissée de velours cramoisi et où l'on voyait un lit garni en taffetas pourpre. A la queue du bateau était attachée une barque ouverte, dans laquelle se trouvaient Cinq-Mars et de Thou sous la surveillance de quelques gardes du roi, en uniforme rouge. Ces deux malheureux allaient subir à Lyon la peine capitale.

De Givors jusqu'à Vienne, le Rhône, par un contour prononcé au sud-est, offre dans son parcours de deux lieues sur l'une et l'autre rive, des points de vue saisissants, de belles perspectives, de vénérables ruines, et, pour animer le tableau, de nobles souvenirs. C'est, de l'aveu des artistes, un voyage charmant où chaque pas présente des sujets d'étude variés.

La rive gauche est abrupte et plonge dans le Rhône; des roches noirâtres percent çà et là une mince couche d'humus, où naguère encore étaient plantés de bons vignobles, en partie ruinés par le phylloxéra. Entre elle et le fleuve l'espace restreint est occupé par la voie ferrée de Lyon à Marseille, la vieille route Domitienne et le chemin de halage.

Sur les divers plans du coteau, on aperçoit le manoir des Etournelles et la vieille tour féodale de Gornetton. Un promontoire semble vouloir fermer la vallée et barrer le passage. Il est surmonté par l'imposante ruine de Roche-Piquée ou de Seyssuel. Ce château fort fut bâti au XII° siècle par les archevêques de Vienne et détruit par les frères de Torchefelon, seigneurs de Montcarra, alors en guerre avec ces orgueilleux prélats. Rebâti plus tard, il fut de nouveau ruiné par les huguenots.

La rive droite, au contraire, est couverte de verdure; sur les hauteurs, c'est une véritable forêt de châtaigniers, sous l'ombre desquels apparaissent çà et là des vestiges de l'antique voie Narbonnaise; au bas la route départementale et le chemin de fer du Theil. Bon nombre d'îles se succèdent le long de cette rive ; l'île Blanche, l'île Saint-Pierre, l'île Barlet, etc., sont partie cultivées en céréales, partie réservées au pâturage des bestiaux qui, pour y arriver, sont forcés de traverser à la nage de petits bras du fleuve.

On voit à droite les clochers de Bans, de Loire et de Saint-Romain-en-Gal; à gauche, le village d'Estressin et ses jardins potagers s'étalent à l'aise dans un petit bassin circonscrit entre le fleuve et des coteaux aux pentes adoucies.

Soudain, se présente à nos yeux un merveilleux tableau. C'est la ville de Vienne, placée en amphithéatre sur des collines élevées qui viennent se mirer dans les eaux du Rhône dont la transparence semble doubler la grandeur du paysage.

PONTON DE VIENNE

33 kilomètres de Lyon

(RIVE GAUCHE)

FIÈRE de son antiquité, capitale des Allobroges, métropole des Gaules sous l'empire romain, séjour des rois burgondes et de puissants archevêques, Vienne, comme la Ville Eternelle, renferme sept collines dans son enceinte; Vienne, avec ses souvenirs, avec ses débris de remparts et de tours, de palais, de temples païens et d'églises chrétiennes, d'obélisques, d'arcs de triomphe, de théâtre, de cirque; avec ses aqueducs, son capitole, son forum et son prétoire; ses terrasses verdoyantes, ses maisons du Moyen-Age, les clochers byzantins de ses basiliques et les tours gothiques de sa cathédrale; Vienne enfin qui, ayant le Rhône pour ceinture, des ruines pour diadême, des jardins pour manteau, semble une reine des anciens temps et offre à la vue un tableau vraiment féerique, digne de son quadruple surnom qui résume son histoire: Vienne-la-Forte, Vienne-la-Sainte, Vienne-la-Belle, Vienne-la-Patriote!...

Du dehors, Vienne présente un majestueux aspect, on doit en convenir. Mais cet aspect est démenti dès qu'on a mis le pied dans la ville, qui est laide et mal bâtie. Sauf quelques quartiers modernes, elle est restée ce qu'elle était lors du passage du président de Brosses, en 1747, qui la décrit en peu de lignes, avec ce brio charmant et cet entrain satirique, apanage des beaux esprits du siècle dernier.

Elle est assise sur la rive gauche du Rhône et en amphithéâtre sur les versants de collines dont les plus importantes sont la Bâtie et Pipet. Elle possède nombre d'établissements industriels dans lesquels on carde, on file, on tisse, on foule, on teint et on apprête les laines qui, transformées en draps, sont la principale branche de commerce de cette ville.

Vienne a vu naître notre historien Nicolas Chorier, le chroniqueur Claude Mermet et le poète François Ponsard, auteur de *Lucrèce* et du *Lion amoureux*. La statue en bronze de cet écrivain est érigée sur la place de la Mairie.

La cathédrale Saint-Maurice est remarquable par son style ogival flamboyant autant que par sa position sur une haute terrasse. Le chœur est orné du riche tombeau en marbre blanc de l'archevêque Armand de Montmorin.

La basilique romane de Saint-Pierre est transformée en un musée où l'on a rassemblé tous les trésors archéologiques exhumés du sol de l'antique cité. Une salle de l'Hôtel-de-Ville renferme un musée artistique intéressant pour l'histoire locale.

Le temple d'Auguste et de Livie, les majestueux portiques d'un théâtre et le plan de l'Aiguille, dit tombeau de Pilate, sont, pour leur conservation, placés sous la surveillance de l'Etat.

La voie ferrée traverse toute la ville par deux tunnels d'inégale longueur et vient aboutir à la gare, sur le Champ-de-Mars.

En face de Vienne, s'élève la belle tour carrée de Sainte-Colombe, construite par Philippe-le-Bel, en 1312, pour tenir en respect les belliqueux archevêques de Vienne qui poussaient des invasions sur les terres du royaume. Elle défendait le passage d'un pont de pierre aujourd'hui disparu et remplacé par un pont suspendu. Propriété particulière, elle servit à diverses industries : fabrique de pâtes alimentaires, restaurant, atelier de charpentier, etc. On y avait réuni toutes les curiosités gallo-romaines trouvées dans le pays, ce qui formait un musée digne d'un certain intérêt.

Ce fut à Sainte-Colombe, humble village, que Philippe-le-Bel vint avec toute sa cour s'établir dans le couvent des Cordeliers, pendant la tenue de ce fameux concile de Vienne, présidé par le pape Clément V et où fut aboli l'ordre puissant des Templiers.

L'érudit François-Nicolas Cochard, auteur d'un certain nombre de monographies relatives à l'histoire de notre contrée, est mort à Sainte-Colombe, en 1834. Un autre lyonnais, l'abbé Rozier, si connu à Lyon par ses connaissances variées et sa mort tragique, passa dans ce bourg une partie de son enfance.

Un peu au-dessous de Vienne, un charmant motif de croquis se présente à nos yeux. C'est l'antique chapelle de Notre-Dame de l'Ile, lieu de dévotion où affluent les populations d'alentour, les lundis de Pâques et de Pentecôte.

Sur la rive droite, le paysage est des plus intéressants. Le petit village de Saint-Cyr, à deux pas de Sainte-Colombe, est dominé par le vieux manoir de Mont-Lys, qui n'a pour habitants qu'un vigneron et sa famille.

C'est à Mont-Lys que commencent les célèbres Côtes-Rôties, qui donnaient des vins rouges et des vins blancs, dit la *brune* et la *blonde*, recherchés pour leur couleur et leur bouquet. A Ampuis, ces vins atteignaient toute leur perfection.

Les anciens Romains connaissaient ces vins sous le nom générique de vins de Vienne ou de *vina piccata*, vins poissés, nous rappelant la poix-résine que les vignerons y mettaient en dissolution pour leur conserver toute leur qualité, pendant le transport jusqu'à Rome.

« Je ne m'étonne nullement, a écrit le président de Brosses, que ces collines ne soient rôties depuis le temps qu'elles sont là, puisque moi, qui n'y suis resté qu'un instant, je faillis être calciné. »

La plaine étroite située entre les collines et le Rhône est également très productive. De là, proviennent ces énormes quantités de melons et d'abricots, que l'on vend, dans les rues de Lyon, sous le nom de melons et d'abricots d'Ampuis.

On a trouvé sur la commune d'Ampuis, le long de ces Côtes, de nombreuses traces de la voie Narbonnaise et une magnifique colonne milliaire portant les noms de César Maximien et de son fils Maxime, qui avaient fait réparer cette voie.

Du *Gladiateur*, on salue au passage le château d'Ampuis, bâti au xviie siècle, dans un parc et des jardins dominant le Rhône. La chapelle seigneuriale est à côté du château qui appartint aux anciennes familles Maugiron et Harenc de la Condamine ; cette dernière descendait du connétable de Bourbon par les femmes.

Cette rive droite continue de présenter le plus vif intérêt ; la vue est grandiose. On commence à apercevoir les Trois-Dents du mont Pilat, dont les ramifications descendent vers le fleuve.

Sauf quelques maigres bois taillis et de mauvaises broussailles poussant au milieu des rochers, les collines de la rive gauche sont pelées et crevassées. D'épaisses murailles soutiennent les terres et les cailloux qui, tombant des versants, pourraient obstruer la voie ferrée.

On longe l'île de la Chèvre qui dépend du village de Tupins, assis au pied des Côtes-Rôties, tandis que le village de Semons occupe la hauteur, au-dessus de la gorge de Malprofonde. Des habitations de plaisance et des châteaux sont disséminés çà et là. Celui de Cordeloux servit de retraite à l'ancien ministre de la Guerre, Servan, qui y resta caché pendant les plus mauvais jours de la Terreur; la Maison-Blanche se recommandait par de magnifiques ombrages, et la Maison-Rouge était l'habitation préférée des anciens archevêques de Vienne.

PONTON DE CONDRIEU

45 kilomètres de Lyon

(RIVE DROITE)

Les montagnes se sont graduellement abaissées; elles forment un demi-cercle qui laisse entre elles et le Rhône une plaine animée par le bourg de Condrieu et ses nombreuses dépendances.

Condrieu occupe une heureuse position sur le bord de l'Albuet, à la base d'un contrefort rocheux, piédestal naturel d'un vieux donjon, auquel venaient se relier les murailles qui défendaient le bourg. Ce donjon et ces murailles sont le point capital du paysage.

Le pays a subi le contre-coup des révolutions amenées par les luttes des divers partis, qui, tour à tour vainqueurs ou vaincus, y accumulèrent ruines sur ruines et y versèrent des torrents de sang. Routiers, Tard-Venus, archevêques de Vienne et archevêques de Lyon, comtes de Forez et dauphins de Viennois, catholiques et protestants y déployèrent la même fureur; ils n'ont rien à se reprocher les uns les autres.

Condrieu était une pépinière de ces braves et hardis mariniers, qui, au beau temps des rigues, passaient une partie de leur vie sur le Rhône à la manœuvre des bateaux. Ils ne le cédaient en rien à ceux de Givors et de Vernaison, si renommés pourtant sur les rives du fleuve. On leur donnait le sobriquet caractéristique de *Cul de piau*, parce que leur pantalon était garni, dans les fonds, de pièces de peau pour le préserver d'une usure trop prompte à laquelle les exposaient leurs durs travaux.

Ah! il fallait les voir, ces braves mariniers, exposés à toutes les intempéries, brûlés par le soleil et l'air de la rivière, montés sur leurs embarcations, criant, jurant contre une fausse manœuvre et renouvelant leurs forces par maintes accolades au large *potarat*! Et, détail particulier à peu près perdu aujourd'hui, tous étaient tatoués sur l'avant-bras et sur la poitrine; les uns portaient soit un cœur enflammé percé d'une flèche, symbole de fidélité et d'amour; d'autres, soit une ancre et les attributs de leur métier, soit une croix et les instruments de la Passion, soit l'image de leur patron, soit celle de la sainte Vierge et de l'enfant Jésus.

Pendant que les hommes étaient adonnés à un métier pénible, les femmes s'occupaient aux travaux du ménage, cousaient des gants, faisaient de la dentelle et brodaient du tulle. L'éducation des vers à soie leur fournissait aussi, dans la saison, une occupation des plus rémunératrices.

Et, disons encore à la louange de ces braves femmes que, malgré leurs multiples occupations, elles trouvaient encore le temps d'augmenter leur famille d'un marmot chaque année.

En quittant le ponton de Condrieu placé au dessus du pont suspendu qui relie le Lyonnais au Dauphiné, on est bientôt au milieu du fleuve, en face du village des Roches dont les blanches maisons se détachent sur un fond de verdure, et du village de Saint-Michel, le premier que l'on rencontre dans le département de la Loire; il est assis au sein du riche vignoble de Château-Grillet, qui produisait le *nec plus ultra* de ces vins blancs mousseux, jadis si connus à Lyon, où une fête de famille, surtout une partie fine, ne se terminait jamais sans qu'on eût fait sauter le bouchon à l'une de ses bouteilles.

Et pourquoi ne pas mentionner à côté de ce petit champagne les bons marrons de Brézuy et les excellents fromageons de chèvre que, sous le nom de *rigottes*, on exportait jusqu'à Lyon même?

La rive dauphinoise est plate, basse, et l'œil se perd sur des taillis sans cesse inondés, sur des îles couvertes de maigres vourgines, sur des îlots et bancs de graviers. La rive opposée montre des collines sillonnées de larges déchirures qui servent de lit à autant de ruisselets taris en été, mais en hiver torrents furieux ravageant tout sur leurs bords. Dans le fond, les Trois-Dents du Pilat se dessinent plus distinctement au fur et à mesure que notre embarcation avance dans sa marche.

PONTON DE CHAVANAY

51 kilomètres de Lyon

(RIVE DROITE)

Le village de Chavanay est comme caché au milieu de beaux noyers et de nombreux mûriers, à l'entrée et sur les deux versants d'une vallée montueuse qui conduit au bourg de Pelussin, éparpillé à la base orientale du Pilat. Un petit ruisseau, la Valencèze, arrose cette vallée, quand il plaît à Dieu de lui envoyer un peu d'eau.

Des restes d'une importante habitation seigneuriale et d'une épaisse muraille d'enceinte attestent que Chavanay joua son rôle dans les guerres de la féodalité et dans les troubles religieux, dont les traditions sont encore persistantes dans la mémoire des villageois.

L'industrie de la commune était naguère

encore assez active; on y voyait plusieurs filatures et moulinages de soie.

Le sol y est d'une fertilité exceptionnelle; les habitations, les fermes sont disséminées au milieu des champs et des vergers dans la longue mais étroite plaine qui borde le Rhône, et sert d'assiette à la route nationale et au chemin de fer.

Çà et là, à mi-côte, sur de fraîches esplanades, au milieu de vignobles, on voit des villas de plaisance. L'une d'elles, le Colombier, reçoit de notre part un salut amical.

On s'est à peine éloigné de Chavanay que la sirène du vapeur annonce l'approche d'un nouveau ponton.

PONTON DE ST-PIERRE-DE-BŒUF

55 kilomètres de Lyon

(RIVE DROITE)

Assis sur la grande route et sur la voie ferrée, à courte distance du Rhône et au débouché de la sombre gorge de Malval qui descend de Maclas, de Pelussin et des montagnes du Pilat, le village de Saint-Pierre-de-Bœuf, comme Chavanay et les localités circonvoisines, s'est exclusivement adonné à l'éducation des vers à soie et aux diverses manipulations qui l'accompagnent.

La gorge de Malval, où coule un maigre ruisseau, la Serpentine, offre aux touristes et aux artistes une promenade des plus curieuses et pleine d'émotion. Ici, finit le département de la Loire, qui, depuis Condrieu, ne compte que huit à dix kilomètres de développement le long du fleuve.

Ce village aurait vu naître Jules Janin. C'est une erreur, notre écrivain n'est pas né à Bœuf; mais il y avait une tante, sœur de sa mère, chez laquelle il venait passer la saison des vacances scolaires. La vérité est qu'il naquit à Saint-Etienne, en 1804, qu'il fit une partie de ses études classiques au collège de Saint-Chamond, et qu'il les termina au lycée de Lyon.

Saint-Alban est en face de Bœuf, dans l'Isère. On y voit l'enceinte d'un vaste monastère abandonné depuis longtemps. Ses ruines dominent le fleuve d'une certaine hauteur, et leur vue évoque le souvenir des époques troublées de la féodalité et de la Réforme.

Les yeux du voyageur se promènent alternativement de la rive droite à la rive gauche; d'un côté, les vignobles de Limony d'où sortent des vins en réputation, sous le nom de vins du Rhône. De l'autre côté, par delà la rive plate du fleuve, on aperçoit le vieux château de Roussillon, où séjournèrent Charles IX et sa cour et où ce roi signa l'édit de 1564, qui réforma le calendrier Julien en faveur du calendrier Grégorien. C'est depuis lors que le commencement de l'année, qui avait lieu à Pâques, fut fixé au 1er janvier.

Nous ne saurions parler de Roussillon sans donner un souvenir attristé à l'un des anciens curés de la commune, pour lequel nous avions la plus vive affection et qui appelé au titre de chanoine de Grenoble, où il rendit son âme à Dieu, voulut reposer au milieu de ses chers paroissiens qu'il considérait comme ses amis, comme ses enfants.

Notre vapeur longe les derniers contreforts du Pilat qui viennent mourir dans le fleuve. Il arrive en vue d'un pont suspendu, et peu après, il aborde le ponton de Serrières.

PONTON DE SERRIÈRES

62 kilomètres de Lyon

(RIVE DROITE)

Ce village, pardon lecteurs, ce bourg ou mieux encore cette ville se présente assez bien aux voyageurs qui arrivent par le bateau. Dans une petite plaine due à l'évasement d'une vallée qui descend du haut pays, on voit un large quai ombragé d'une double rangée d'arbres et animé par des maisons modernes d'assez bonne apparence, où se trouvent restaurants, cafés et magasins.

En haut de la vallée se trouve le vieux Serrières groupé autour de l'église et de bâtiments massifs appelés le Château. Ses murailles noires et crevassées sont comme un témoignage de l'incendie allumé par la fureur des partis au temps des guerres de religion.

Cette commune fait un commerce assez actif des bois amenés de la montagne et des vins que fournit la contrée. Une route commode monte dans la vallée er dessert l'intérieur du pays.

Serrières appartient à l'Ardèche. C'est le but d'un voyage agréable que le *Gladiateur* entreprend chaque dimanche, à la grande satisfaction des touristes, qui peuvent rentrer le soir même à Lyon. Cette promenade, on ne saurait trop la recommander aux flâneurs qui, parfois, ne savent que faire de leur temps pour passer leur dimanche.

De l'autre côté du pont suspendu qui relie l'Ardèche à l'Isère et à la Drôme, le village de Sablons est situé sur le bord du Rhône, à l'entrée d'une plaine assez fertile et sur une route départementale. Il paraît de date récente, hormis toutefois une grosse masse carrée, flanquée de quatre tours trapues.

Ancienne habitation seigneuriale, elle appartenait à la famille Murat de Lestang. De nos jours, plusieurs ménages d'ouvriers sont parvenus à y trouver un misérable refuge, où la lumière du jour ne parvient que par d'étroites et profondes meurtrières. Une vieille porte et un escalier circulaire qui dessert les deux étages et les combles du manoir délabré sont les seules parties dignes de quelque intérêt.

Serrières et Sablons furent décimés par le choléra en 1832. Ce dernier village surtout fut littéralement détruit par l'inondation de 1840.

Plus bas que Serrières, à un détour du fleuve, voici le château de Peyraud. L'aspect en est charmant à tous les points de vue, et son histoire est pleine d'épisodes dramatiques qui reportent l'imagination dans les siècles passés.

Forteresse redoutable appartenant aux sires de Roussillon, marquis d'Annonay, elle commandait le cours du fleuve et la route de terre. Ses seigneurs prélevaient des droits de péage sur les marchands et les voyageurs qui traversaient la contrée, et même se livraient à leur égard aux plus odieuses exactions.

Deux de ces voyageurs, Bernard de Varey et Aynard de Villeneuve, arrêtés et détenus dans les prisons de Peyraud, appartenaient à la riche bourgeoisie lyonnaise, et étaient membres du conseil de la Commune de Lyon.

Sans s'arrêter à la qualité de ces deux personnages, le châtelain leur fit subir les plus durs traitements jusqu'à payement d'une taxe arbitraire. Soumis à la question, Bernard de Varey s'exécuta; mais à Aynard de Villeneuve, qui faisait le récalcitrant, on arracha une dent, autant pour lui soutirer une forte rançon que pour voir, disait en riant le châtelain, la grimace qu'il ferait pendant l'opération.

La punition ne se fit pas attendre. Un ordre du roi, qui se trouvait alors à Avignon, amena la destruction du château de Peyraud, ce qui eut lieu à la fin de l'année 1350, en présence du bailli de Boucieu-le-Roi, délégué à cet effet.

Peu de temps après cet événement, Arnaud de Faï, devenu seigneur de la terre de Peyraud par un mariage avec une héritière de Roussillon, obtint l'autorisation de relever la forteresse en ruines. Mais pendant les guerres de religion le château qui tenait pour les protestants fut abattu une seconde fois par le sénéchal du Lyonnais, à la tête des troupes royales.

Au commencement du règne de Louis XIII, le château fut reconstruit tel qu'on le voit aujourd'hui.

On sait que la plupart des localités que

nous venons de visiter depuis notre départ de Lyon eurent un rôle plus ou moins actif pendant les longues guerres qui, au nom de la religion et de la politique, désolèrent les deux rives du Rhône, à la fin du XVI⁰ siècle et au siècle suivant. Pour éviter la monotonie et les redites dans la suite de notre relation, nous dirons brièvement combien était importante, pour les partis rivaux, la possession de ces forteresses qui défendaient les passages du fleuve et le débouché des vallées donnant accès, soit dans l'intérieur du Dauphiné, soit au sein du Vivarais où les passions religieuses avaient pris une acuité d'autant plus vive que la guerre était plus impitoyable. De là, ces prises et ces reprises de places, dont le résultat fut, pour plusieurs d'entre elles, une ruine définitive.

La rive droite est riche et plantureuse, mais resserrée entre les collines et le fleuve. La grande route et la voie ferrée, des habitations de tous genres égayent la contrée ; tandis que, sur la rive opposée, ce sont toujours les mêmes plaines basses, à la végétation uniforme, aux lignes monotones. Les villages y sont rares, routes de terre et chemins de fer sont à une certaine distance du fleuve.

Cependant dans le lointain, du côté de l'orient, commence à se dessiner la silhouette dentelée des montagnes du Vercors ; et, sur un plan plus rapproché, on découvre le gros village de Saint-Rambert d'Albon. C'est une des principales gares du P. - L. - M. Là, se détachent de la grande ligne la voie qui, par la Côte-Saint-André, va rejoindre celle de Grenoble et celle qui, traversant le Rhône sur un long viaduc, se dirige sur Annonay.

Au-dessus de Saint-Rambert, on aperçoit la haute et solitaire tour d'Albon qui couronne un monticule arrondi. Ce fut le berceau de l'illustre famille qui régna sur le Dauphiné. Puis on devine les restes plus importants du château de Mantaille, dit de *Barbe-Bleue*, où une assemblée d'évêques et de seigneurs proclama Boson roi du second royaume de Bourgogne.

Nous croyons devoir rappeler ici que, depuis l'époque de la fondation de ce royaume, la partie du Vivarais qui longe le Rhône sur un assez grand développement faisait partie du Dauphiné; et que cet état de chose dura jusqu'à la Révolution.

Si nous reportons nos regards sur cette rive droite, nous verrons, entre la voie ferrée et le Rhône, les rustiques maisons du village de Champagne, aux alentours fort bien cultivés et ressemblant à un jardin plutôt qu'à des terres arables.

Champagne n'a à présenter à l'artiste que son église; mais cette église, de proportion restreinte, est un rare et bel échantillon de l'époque de transition du roman byzantin à l'ogival primaire en nos contrées. L'intérieur montre de magnifiques colonnes à chapiteaux d'ordre corinthien, de nombreux morceaux de sculpture, de statuettes et d'ornements antérieurs de plusieurs siècles à la construction de l'édifice actuel. La façade extérieure montre également quantité de fragments antiques; mais là aussi tout se confond dans une heureuse harmonie.

Il paraît probable que la plupart de ces matériaux retaillés pour une nouvelle destination proviennent d'un temple païen qui existait au Châtelet, sur la montagne d'Andance, à deux kilomètres de là, et dans les ruines duquel un ermite s'était retiré.

Voici ce que nous apprend à ce sujet une légende locale que nous avons résumée d'après les *Souvenirs de l'Ardèche*.

L'ermite était un pieux chevalier qui, de retour de la Terre-Sainte où il avait bravement combattu les Infidèles, avait quitté l'épée et la cuirasse pour le froc et la robe du solitaire. L'esprit malin cherchait à s'emparer de son âme, et mit tout en œuvre pour tâcher d'y réussir.

Après les trois coups de tonnerre préalables, le vieux temple, depuis longtemps ruiné, brille de son ancienne splendeur; et là, au milieu d'une éblouissante clarté et une série d'apparitions, une nuée de diables noirs et velus promettent à l'ermite, pour le séduire, d'exécuter à l'instant le désir qu'il lui plaira d'exprimer; sur son ordre, et à la place qu'il indique, les diables construisent, en un clin d'œil, l'église de Champagne avec les matériaux du temple transportés dans la plaine. Les diables, ayant omis à dessein d'y placer une croix, sont expulsés par le chevalier ermite.

Quoi qu'il en soit, les murailles épaisses de

cette église la mettaient à l'abri d'un coup de main de la part de ces bandes de vagabonds qui, jadis, semaient la terreur dans nos campagnes. Elle faisait partie d'un monastère de l'ordre de saint Benoît, lequel aussi était fortifié.

Le marteau des Huguenots et celui des Sans-Culottes avait mutilé ce respectable édifice, que menaçait de plus l'outrage du badigeon, lorsque la commission des monuments historiques vint à propos le prendre sous sa protection.

Une certaine animation sur notre paquebot et le signal de la cloche nous préviennent de notre approche d'Andance.

PONTON D'ANDANCE

73 kilomètres de Lyon

(RIVE DROITE)

Accroupi au pied du Châtelet, montagne rocheuse et complètement pelée, le bourg d'Andance ne présente qu'un médiocre intérêt, hors l'église qui, par son ancienneté, mérite cependant d'être étudiée. Il ne possède qu'une seule rue resserrée entre le fleuve et la montagne, que le chemin de fer traverse de part en part, grâce à un long tunnel ouvert dans le granit.

Plusieurs objets antiques trouvés aux abords du pont suspendu indiquent que les Romains ont eu un établissement dans la région, desservie, on le sait, par la voie Narbonnaise.

Près des ruines découvertes au sommet du Châtelet et qui proviennent, avons-nous dit.

d'un temple dédié à Apollon, on a érigé un calvaire sous le nom de croix des Trois-Corps-Saints, objet de la fervente dévotion des habitants, surtout des mariniers.

Une intéressante monographie a été faite sur ces ruines par M. L.-B. Morel, qui les a fouillées et étudiées avec soin et où il a recueilli un certain nombre de pièces de monnaies gauloises et romaines, et divers fragments très curieux de la plus haute antiquité. C'est de là que sortent les beaux matériaux signalés dans l'église de Champagne.

Le Moyen-Age vit se fonder à Andance un prieuré de bénédictins qui, deux fois, fut ruiné par les huguenots. Des restes de remparts qui entouraient le bourg prouvent que cette position fut souvent disputée par les partis rivaux; elle commandait une des entrées du haut pays.

Andancette, sur la rive gauche, répond comme emplacement à la station romaine de *Figlina*, desservie par la voie Domitienne. On y trouve encore quelques substructions, des restes d'aqueducs, un four de potier et un tronçon de chemin de halage. On y a découvert aussi des médailles de grand bronze, des monnaies du haut et du bas empire, et notamment un médaillon inédit de Tétricus César, morceau précieux de la collection Pina; de plus un cippe funéraire qui montre encore à sa partie supérieure la petite cavité destinée aux libations, et sur les faces latérales la place des supports où l'on appendait des guirlandes de fleurs.

Ce monument fut érigé par Alcius Sabinianus à Selia Sexta, son épouse.

A proximité d'Andancette, au pont de Bancel, sur la grande route, se trouvait une colonne milliaire dressée en l'honneur de l'empereur Maximilien, vainqueur des Germains, des Sarmates et des Daces. Elle est déposée au musé de Valence.

Sur la rive droite du fleuve et non loin d'Andance, on remarque sur la hauteur les débris d'un ancien monument, dit la *Sarrasinière*. Les archéologues sont d'accord sur son origine romaine. Mais qu'était-il? qu'était sa destination? un tombeau, un temple, un trophée?... C'est à cette dernière interprétation que se sont arrêtés les savants du Vivarais. Ce trophée rappellerait la victoire de Quintus Fabius sur les Allobroges.

Si telle est la vérité, pourquoi ce monument n'a-t-il pas été élevé sur le lieu même du champ de bataille, à l'embouchure de l'Isère, sur la rive allobrogique ?

Quoi qu'il en soit, ces ruines n'en sont pas moins considérées comme très précieuses. Elles sont classées parmi les monuments historiques,

Plus bas que la Sarrasinière, sur les bords de la Cance, est un petit village très ancien, Sarras. Son château, dont il ne reste qu'une tour ébréchée, au milieu de débris amoncelés, domine de pauvres maisons et une église à l'avenant. Village et château furent successivement détruits à plusieurs siècles d'intervalle par l'empereur Conrad et par le baron des Adrets.

Après avoir doublé un promontoire et passé devant l'embouchure du Doux, on aperçoit, sur la gauche, la ville de Saint-Vallier.

PONTON DE ST-VALLIER

80 kilomètres de Lyon

(RIVE GAUCHE)

Cette petite ville, l'ancienne *Ursoli* romaine, appartenant à la Drôme, s'élève gracieusement sur les bords du fleuve, à la réunion de la Valloire et de la Galaure. Riche de son agriculture et de son industrie, jouissant d'un climat favorisé, elle évoque à l'esprit la gracieuse figure de Diane de Poitiers, la belle maîtresse d'un de nos rois et même de deux, ajoute la chronique.

Cette courtisane, restée célèbre autant par la protection qu'elle accordait aux arts et aux artistes que par son avarice proverbiale, avait pour père le seigneur Jean de Poitiers, comte de Saint-Vallier. Ce seigneur avait été condamné à mort sous François 1er pour avoir participé à la trahison du connétable de Bourbon. Il n'obtint grâce de la vie qu'à la démarche de sa fille qui s'était jetée aux pieds du monarque auquel elle avait, dit-on, payé de son honneur la grâce de son père.

Le château de Saint-Vallier était primitivement la forteresse qui défendait la ville. C'était un massif de bâtiments irréguliers, flanqués d'un donjon, de tours et de tourelles. Depuis la belle Diane, il subit diverses modifications. Les tours furent abaissées, les pont-levis supprimés, les remparts rasés et les fossés comblés. On a élevé de larges terrasses, au pied desquelles s'étendent un parc et des jardins, rafraîchis et embellis par de nombreuses pièces d'eau, dans le style du grand siècle.

C'est aujourd'hui une habitation où l'élégance a remplacé l'aspect guerrier. Dans l'intérieur, on a conservé la chambre de Diane de Poitiers, la salle des Gardes et autres appartements historiques. On y remarque de riches collections en armes et en objets d'art. Mais ce qui s'y trouve de plus précieux, c'est la Galerie des portraits de tous les membres de la famille des Lacroix-Chevrières de Saint-Vallier.

Diane de Poitiers se fit appeler comtesse de Saint-Vallier jusqu'au moment où elle fut revêtue par Henri II du titre de duchesse de Valentinois. Mais la seigneurie de Saint-Vallier passa par héritage aux deux filles que la célèbre favorite avait eues de son époux, le comte de Maulévrier-Brézé. Louise, la fille cadette, l'apporta en dot à son mari, Claude de Lorraine, duc d'Aumale.

Un de leurs enfants vendit cette terre, en 1584, à Jean Guerre de Lacroix-Chevrières, président au parlement de Grenoble, qui, dès lors, prit le titre de comte de Saint-Vallier.

Le dernier des Saint-Vallier occupa de hautes fonctions sous le règne de Napoléon Ier.

Ce personnage, en qui s'éteignit la branche aînée de sa famille, mourut en 1824, laissant une fille mariée à M. Guigues Moreton, marquis de Chabrillan, d'une ancienne famille dauphinoise, et dont les descendants occupent aujourd'hui le château de Saint-Vallier, mais sans en porter le titre, ni le nom.

En décrivant l'historique de Saint-Vallier, un auteur ne peut se dispenser de rappeler certain épisode qui fit grand bruit à Paris, il y a une quarantaine d'années, et dont les deux principaux héros étaient un comte Lionel de Chabrillan et son épouse Céleste Vénard. Cette dame, connue auparavant sous le surnom de Mogador, eut le singulier honneur de figurer dans une chanson de Gustave Nadaud lui-même, et qui, sous le nom de : *Les Reines de Mabile*, eut à cette époque un grand succès dans le monde galant.

Voici le refrain de cette chanson :

> Pomaré, Maria,
> Mogador et Clara,
> A mes yeux enchantés,
> Apparaissez, belles divinités !...

Des terrasses du château de Saint-Vallier, on jouit de la vue d'un merveilleux panorama sur la large vallée du Rhône, sur le chemin de fer qui longe le parc et les jardins, sur la ville entière et les campagnes d'alentour.

A peu de distance en dehors de la ville, on a découvert de nombreux vestiges romains, entre autres des médailles et monnaies à l'effigie de divers empereurs, et une borne milliaire à Titus Clodius César Germanicus, souverain pontife, XXV. On y a découvert aussi des sépultures gauloises au milieu d'une forêt de chênes qui abritent, sous l'épaisseur de leur ombrage, des monuments druidiques : dolmens, menhirs, cromlechs, pierres branlantes, etc., le tout désigné par les villageois sous le nom de *Roches qui dansent*.

Le château des Rioux, au nord de la ville, n'a pour les Lyonnais, d'autre intérêt que de savoir qu'il fut habité par le savant chimiste Raymond, qui fit faire tant de progrès à l'art de la teinture des soies et fut l'inventeur de l'admirable bleu, dit *bleu Raymond*, rival heureux de l'outremer.

Au midi, Serves doit sa prospérité à un vaste établissement métallurgique et à une fabrique de belles poteries et de fort bonnes pipes en terre.

Arras, dans l'Ardèche, en face de Serves, est un tout petit village, devant lequel on passerait indifférent s'il ne possédait une haute tour, accompagnée de beaux restes de remparts du Moyen-Age et un magnifique fragment de colonne enchâssé au-dessus du portail de l'église. Cette colonne fut élevée à Aurélien, conquérant des Etats de la belle Zénobie, la célèbre reine de Palmyre.

Entre ces diverses localités, les points de vue sont toujours merveilleux et d'une grande variété.

Le charme de la navigation, la beauté du climat et une agréable petite brise, qui tempérait les ardeurs du soleil, avaient attiré les voyageurs sur le pont. On aimait à voir voleter, sur la surface de l'eau, à la recherche d'un insecte ou d'un poisson, ces espèces de mouettes ou hirondelles de mer, jolis oiseaux aux ailes blanches et noires à la large envergure, au corps svelte et dégagé ; on regardait les deux épaisses *moustaches* placées à la proue du bateau. C'est ainsi qu'on appelle le remous formé par la marche rapide du vapeur qui coupe violemment le courant et forme de chaque côté de la proue deux sillons de mousse blanchâtre, auxquels les mariniers ont donné le nom figuré d'une paire de moustaches. De même ils ont donné le nom de *vague* au déplacement, au refoulement de l'eau qui va déferler sur les deux rives et s'étendre plus ou moins selon la nature du terrain et selon que le bateau s'en éloigne ou s'en rapproche.

Cette vague, on la suit avec curiosité ; elle

va secouer les petites embarcations, troubler la douce quiétude des pêcheurs à la ligne et faire maugréer les lavandières, obligées de fuir au plus vite pour mettre en sûreté leur linge et tout l'attirail de leur profession.

Notre *Gladiateur* échange un salut avec un vapeur de remonte, plus loin avec un grappin qui traîne à sa suite une longue file de bateaux lourdement chargés, ou encore avec un dragueur occupé à enlever du chenal les graviers amenés par la dernière crue.

Il est à remarquer que lorsque deux bateaux se croisent, par mesure de prudence ils ralentissent leur marche. Les patrons en profitent pour se communiquer mutuellement des observations sur l'état du fleuve et sur tout ce qui peut intéresser la navigation. Pour cette conversation à distance, nos mariniers ont un langage particulier, en se faisant un porte-voix avec leurs mains, accompagné de gestes télégraphiques.

Le Rhône coule large et fier, et la navigation n'offre aucune difficulté. Mais voici un écueil qui appelle l'attention des mariniers et du pilote chargé du gouvernail.

C'est la tête d'un rocher aplati et de forme ovale qui émerge au milieu du fleuve, à quelques pieds seulement, selon le niveau de l'eau. C'est la *Table du Roi*, et l'on prétend que saint Louis, se rendant à la croisade, en 1248, s'y arrêta pour déjeuner en compagnie de sa cour.

Ce rocher, on le dépasse en y jetant un regard curieux, et peu après les deux ponts suspendus de la ville de Tournon apparaissent devant nous.

PONTON DE TOURNON

95 kilomètres de Lyon

(RIVE DROITE)

C'EST vraiment une belle page que nous avons sous les yeux. Sur un rocher granitique qui s'avance dans le fleuve, bien au-dessus des eaux, voici un ensemble de gros bâtiments construits à diverses époques et sur chacun desquels l'observateur peut inscrire une date. Corps de logis massifs, tours carrées, tours rondes, remparts à machicoulis et à créneaux, gracieux campanile, chapelle gothique, longues et larges terrasses servant à la fois de défense et d'agrément; murailles en ruines ou à moitié renversées, substructions épaisses dont la destination semble inconnue, et dont les eaux venaient battre la base qui, pendant des siècles, put résister à leurs assauts réitérés. Tel paraît aux voyageurs le château des anciens comtes de Tournon, majestueux encore dans son délabrement qui remonte aux plus mauvais jours des guerres de religion.

La famille de Tournon date des premiers temps du Moyen-Age ; elle possédait de nombreux domaines en Dauphiné et en Vivarais, sur les deux rives du Rhône. Elle se reconnaissait donc vassale de l'empire d'Allemagne. La mort de Just-Louis de Tournon, tué au siège de Philippsbourg, en 1644, fit passer le château de Tournon et une partie de ses terres du Vivarais aux Ventadour, aux Montmorency et aux Rohan-Soubise ; ceux-ci en devinrent les derniers titulaires.

La ville et le château furent deux fois pris d'assaut par les calvinistes, malgré la belle défense de Claudine de Turenne, femme du comte Just II, qui s'était mise à la tête de la garnison. Ces terribles sectaires ne s'éloignèrent de Tournon qu'après avoir démantelé les fortifications, pillé les églises et saccagé les monastères.

Dans le principal corps de logis du château, qui fut bâti de 1310 à 1325, on a placé la plupart des administrations municipales et judiciaires : mairie, tribunal, archives, prison, etc... De la ville, on y accède par un escalier à plusieurs rampes et par deux portes voûtées, aux ventaux renforcés de clous à larges et grosses têtes; ce qui donne à ces portes un caractère étrangement rébarbatif.

Depuis peu le château est classé parmi les monuments historiques; seul moyen de conserver ce qui a échappé à l'aveugle fureur des hommes.

Une double muraille, dite les Barris, fortifiée et percée de plusieurs portes, prenait naissance au château, enceignait la ville, et, rampant le long de la montagne, allait se rattacher à une grosse tour ronde sur le sommet de laquelle on a placé la statue de la Vierge-Immaculée qui, de là, semble bénir la ville. Dans une autre tour, une croix de Mission a remplacé un phare destiné jadis aux besoins de la navigation. Au pied des terrasses se trouvaient les vieux moulins de la cité.

Cette tour et ces moulins ont disparu depuis quelques années; on a établi une digue de deux à trois cents mètres de long dans le but de régulariser le cours du fleuve qui, là, se portait sur la droite et formait un petit golfe qui baignait le pied du rocher. On a comblé ce golfe, et son emplacement planté d'arbres est aujourd'hui une jolie promenade, un marché et un vaste champ de foire.

Le quai, commode et bien tracé, se développe sur le front de la ville, au bas du château et devant l'abside de la cathédrale.

Ces travaux ont fait disparaître une inscription romaine traduite par Millin et qui rappelait un vœu formulé par les nautonniers du Rhône à l'empereur Adrien, fils adoptif et successeur de Trajan.

Un des plus remarquables monuments de la ville est le célèbre collège fondé en 1542 par le cardinal de Tournon, un des premiers personnages de ce temps-là. Erigé en université, ce collège fut dirigé par les jésuites, puis par les oratoriens, et le gouvernement y établit une division de l'école militaire. Il en est sorti une foule d'élèves distingués, entre autres Honoré d'Urfé, le poétique auteur du roman de l'Astrée.

Un beau parc et d'immenses jardins accompagnent cet établissement, dont une façade donne sur le quai même et les autres sur une large place et de longues avenues. Le dôme de sa chapelle le signale de loin à l'attention des voyageurs.

Cette place est ornée de la statue en marbre du général comte Rampon, le brave colonel de la 32e demi-brigade de l'armée d'Italie.

Antoine-Guillaume Rampon naquit en 1759, à Saint-Fortunat, où son père exerçait la modeste profession de perruquier; il mourut en 1842, à Paris, où il siégeait à la Chambre des Pairs.

A propos du lycée de jeunes filles, qui est dans le même quartier, nous ne pouvons que déplorer ses proportions ridiculement grandioses pour sa destination.

L'église paroissiale de Tournon date des dernières années du XIIIe siècle. Dédiée à saint Julien, elle a été restaurée sans goût. La coupole qui surmonte le chœur était décorée de peintures à la fresque dues à Paul Sevin, natif de cette ville et peintre du roi Louis XIV. Elles ont disparu sous l'épais badigeon qui recouvre tout l'intérieur de l'église. On voit cependant encore dans le chœur un tableau de ce maître : une *sainte Thérèse*.

Est-il besoin de dire à nos lecteurs que Paul Sevin est l'auteur des peintures, ornements et attributs qui décorent l'ancienne salle du parlement de Dombes à Trévoux ? Mais ce n'est pas là qu'il faudrait aller pour juger de son talent...

A côté de l'église Saint-Julien, dans l'une des chapelles des Pénitents, existe une fresque attribuée à l'école de Cimabué. Elle représente une descente de Croix, dont la partie supérieure est ornée d'un groupe d'anges et de démons qui se disputent les âmes des deux larrons crucifiés à la droite et à la gauche du Sauveur.

Si Tournon est privé de musée municipal, en revanche l'habitation de la famille de la Tourette possède un certain nombre de tableaux dont quelques-uns sont des copies du Louvre. A côté, dans une galerie, sont les portraits des *Ancêtres* depuis le règne de Henri IV, et une précieuse collection de tabatières et de bonbonnières ornées de miniatures qui rappellent aussi les traits d'alliés ou d'amis de la famille.

Il s'y trouve aussi de belles tapisseries flamandes du XVII° siècle.

Au nombre des faits historiques dont Tournon fut témoin, nous ne citerons que celui-ci, comme nous intéressant plus particulièrement.

Les chroniqueurs de Tournon avancent, à l'encontre de nos écrivains lyonnais, que ce fut dans le château même qu'eut lieu la partie de paume qui amena la mort subite du fils aîné de François 1er.

Ce récit est tronqué : le jeu eut lieu au monastère de Sainte-Claire, à Lyon, et le jeune prince, malade en effet, fut, le lendemain, embarqué sur le Rhône et rendit le dernier soupir en arrivant à Tournon. On attribua sa mort au poison que lui aurait donné le comte de Montecuculli, grand personnage espagnol qui faisait partie de sa suite.

Le corps du prince resta exposé dans l'église Saint-Julien, d'où, plusieurs années après, il fut transféré dans les caveaux de Saint-Denis.

Le peintre Sevin avait reproduit sur une belle fresque les détails de cet événement. Cette œuvre d'art disparut aussi lors des réparations faites à l'église.

Tournon nous rappela que, en 1815, notre brave père y fut dirigé pour opérer le licenciement de ses bataillons, qui battaient en retraite depuis Genève, devant les armées coalisées.

Beaucoup de vieilles maisons ont fait place à d'élégantes constructions; la ville se modernise, surtout aux abords de la gare, où l'on voit déjà plusieurs habitations accompagnées de fort jolis jardins.

Un pont et une passerelle en fils de fer relient Tournon au bourg de Tain, situé dans la Drôme. Sur la passerelle, qui fut la première de ce genre construite en France, on lit cette inscription en l'honneur de son habile ingénieur: *A Marc Seguin, 1824.*

Seguin fut aussi le créateur du premier chemin de fer français de Lyon à Saint-Etienne, et l'inventeur de la chaudière tubulaire pour locomotive à grande vitesse. Une statue vient de lui être élevée dans la ville d'Annonay qui lui a donné le jour.

Le bourg de Tain est assis sur la rive gauche du Rhône et sur les premières ondulations du coteau vitifère de l'Ermitage, dont les produits jouissaient d'une si grande réputation auprès des gourmets de tous pays, avant que le phylloxéra se fût montré dans ces cantons. Les vins de *paille* étaient considérés dans les cours de l'Europe comme l'un des meilleurs vins-liqueurs connus jusqu'alors.

La légende de l'ermite qui planta sur ce coteau le premier cep est dans la mémoire de tout le monde ; nous l'avons racontée dans nos *Nouvelles excursions en Dauphiné*.

Tain fut témoin du mariage du prince Charles, fils du duc de Normandie, avec la princesse Jeanne de Bourbon, le 3 avril 1350.

On sait que Humbert II avait cédé ses Etats du Dauphiné à la couronne de France, à la condition que les fils aînés de nos rois porteraient le titre de Dauphin.

Monier de la Sizeranne naquit dans le bourg de Tain, en 1797 ; il mourut à Nice en 1878. Député, sénateur, il fut promu au titre de comte par Napoléon III. Il a publié de nombreux ouvrages sur la politique, la poésie, la littérature et le théâtre. Il a laissé des *Mémoires* inédits sur les événements auxquels il s'est trouvé mêlé et sur les personnages célèbres de notre époque.

On a exhumé du territoire de ce bourg un milliaire érigé par la province viennoise à l'empereur Aurélien, en l'année 273, et un taurobole dont l'inscription rappelle un sacrifice à Cybèle, en 184, pour la conservation des jours de l'empereur Commode et pour la prospérité de la ville de Lyon.

M. Labeille, curé de cette commune, a recueilli une foule d'objets intéressant l'histoire de la localité et en a formé un petit musée archéologique disposé avec goût. Il s'y trouve aussi quelques tableaux et des médailles de différentes époques. Ce digne ecclésiastique est heureux de faire les honneurs de chez lui aux amateurs et aux artistes qui passent dans la ville de Tain, d'où ils sortent enchantés de leur visite.

La plaine qui s'étend au midi, entre le Rhône et l'Isère, est célèbre par la victoire que le consul Quintus Fabius y remporta sur les Allobroges réunis aux peuples de l'Auvergne, 121 ans avant Jésus-Christ. C'est à la suite de cette victoire que le consul reçut le surnom d'*Allobrogique*.

De l'autre côté du Rhône, on montre l'emplacement où le roi Bituit, chef des Arvernes, des Helviens et des Rutènes, avait campé en attendant l'achèvement du pont qui devait lui livrer passage pour aller grossir l'armée de ses alliés.

Le *Gladiateur* continue sa marche rapide que nous voudrions ralentir pour mieux admirer les beautés pittoresques du pays et nous remémorier les événements qui amenèrent la ruine des châteaux sur les deux rives du fleuve.

Voici le village de Glun à l'aspect tout agreste, en face de celui de la Roche de Glun, au cachet féodal.

Ce dernier est dominé par une vieille forteresse juchée sur un rocher qui s'avance dans le Rhône comme pour barrer son cours et interdire le passage à toute embarcation qui aurait voulu s'affranchir du droit de péage prélevé par le seigneur du lieu, où il exerçait parfois une véritable piraterie.

Le sire de Joinville, historien du roi saint Louis, rapporte en sa chronique l'épisode suivant:

« Le sire du château de la Roche-Gluy, qu'on appelait Rogier, avait grand bruit et mauvais renom de détrousser les marchands et pèlerins qui, là, passaient tant sur la terre que sur le fleuve. Ce seigneur ayant prétendu faire payer un droit de péage au roi, saint Louis qui allait combattre les infidèles et mécréants, crut devoir faire une œuvre non moins méritoire que la croisade elle-même en mettant le sire de Gluy à la raison. En sévère justicier qu'il était, le roi assiégea le château par eau et par terre ; il le prit, le rasa et passa les défenseurs au fil de l'épée. »

Dans le même temps, Guillaume de Tournon avait, de son côté, voulut faire contribuer le prince Edouard d'Angleterre, allant aussi en Terre-Sainte ; celui-ci s'empara de la ville, et celui-là n'obtint sa grâce qu'en se reconnaissant homme-lige du roi d'Angleterre.

Après le départ de saint Louis, la forteresse de la Roche de Glun ne tarda pas à être relevée. Mais depuis lors, le petit bras du Rhône, qui séparait le rocher, piédestal naturel du château, de la rive gauche, où était le village, fut comblé pour faciliter la navigation du fleuve. Le rocher lui-même a, pour le même motif, été miné ; mais quand les eaux sont basses, on découvre encore les solides substructions de la vieille forteresse.

Une haute et large tour carrée s'élève au-dessus du village. Vous la croyez peut-être des temps anciens ? Erreur ! elle est moderne et destinée à une fabrique de plombs de chasse.

Sur la rive droite, en face de l'embouchure de l'Isère, qui apporte dans le lit du Rhône autant de cailloux roulés que d'eau terreuse, surgit un cône rocheux, isolé de toute part et sur le sommet duquel trône un vieux manoir, qui, sentinelle vigilante, avait aussi mission de surveiller le fleuve. C'est Châteaubourg.

Châteaubourg n'a plus rien de féodal que l'apparence. Son pont-levis a fait place à un pont en pierre ; son donjon, son corps de logis et sa terrasse ont été remaniés et entourés d'un rempart crénelé ; le tout porte ce caractère architectural qui lui convient et lui donne un cachet très pittoresque. Cependant, il eût été préférable de conserver au donjon sa couronne de créneaux au lieu de le coiffer comme un vulgaire pigeonnier. La tradition veut que saint Louis ait séjourné à Châteaubourg.

Autour du rocher, et comme cachées sous des arbres fruitiers, sont groupées quelques habitations de villageois. La grande route et la voie ferrée passent à côté du modeste village.

Cornas, autre village plus important, s'étend dans la plaine voisine. Du bateau, les voyageurs ne distinguent que son clocher neuf qui émerge d'une végétation plantureuse. Pays agreste, qui fait diversion à ceux que nous venons de voir et à ceux que nous allons bientôt rencontrer !

Le paysage prend un caractère de grandeur, qui s'accuse davantage à mesure que nous avançons. Déjà nous apercevons les rochers de Crussol et les ruines du château qui se profilent hardiment sur le ciel. L'esprit le plus fantaisiste et l'imagination la plus dévergondée n'auraient pu composer un tableau pareil à celui qui se développe à nos yeux étonnés, peut-on lire dans *l'Album du Vivarais*, dont nous nous inspirons pour présenter la description suivante :

Ce tableau, la nature seule a pu le produire, et ce, dans le temps où le globe était en proie à toutes les convulsions qui ont soulevé les montagnes et creusé les abîmes, où les volcans vomissaient des torrents de lave enflammée et lançaient dans l'espace des rocs incandescents. La profonde vallée du Rhône et les rochers qui la bordent ne sont pas autre chose que le résultat des trépidations affaiblies des grandes commotions qui ont fait surgir le massif de l'Auvergne et la chaîne des Cévennes.

Et si l'on ajoute à l'œuvre de la nature l'œuvre des hommes, le tableau acquerra un intérêt de plus. Chaque pointe de rocher, chaque pic vertigineux est surmonté d'un donjon féodal qui semble ne faire qu'un avec le rocher lui-même.

Le donjon, que l'on aperçoit de très loin était autrefois connu des mariniers du Rhône sous le nom de : *Cornes de Crussol*. Elles étaient formées par les deux pignons aigus, sur lesquels reposait la toiture du donjon. Un des pignons s'étant écroulé, il ne reste aujourd'hui qu'une corne.

Ce donjon est juché sur la pointe extrême du rocher, à cent mètres environ d'altitude. Quoique fort dégradé, il offre encore des parties dont il est facile de deviner la destination. Ici, de grandes salles aux planchers effondrés; là, des galeries en surplomb et des tronçons de colonne d'un bon style. Un escalier aux marches rompues permet cependant de monter jusqu'aux étages supérieurs.

Les fenêtres de ce donjon, toutes détériorées, s'ouvrent sur le précipice du côté de Valence. Quand on s'accoude sur leur appui branlant pour sonder la profondeur du rocher sur lequel on est comme suspendu, on ne peut se défendre d'un sentiment de terreur, et les plus hardis n'échappent pas aux fascinations du vertige. Et si un de ces vents impétueux qui règnent souvent dans ces contrées vient à s'élever, on croit entendre des gémissements sortir de mystérieux souterrains; on frémit et on tremble comme tous les murs dont on est entouré.

Le cœur se serre en parcourant les ruines de Crussol, ses maisons arasées, ses citernes comblées, ses remparts démantelés et crevassés où l'on voit encore une double porte fortifiée. Pas un être vivant, pas un arbuste, pas même du gazon ne paraît dans ce vieux bourg que ses anciens habitants ont successivement abandonné pour descendre dans le bas du vallon, au village de Saint-Péray, commodément assis au confluent de deux jolis ruisseaux.

Il est à présumer que, à l'exception de la garnison et des différents officiers de la seigneurie, le château fort de Crussol, vu la difficulté de ses abords, n'était habité que temporairement. Dans les guerres si fréquentes alors, les vassaux et leurs bestiaux trouvaient à l'abri de ses puissantes murailles refuge, aide et protection.

Fondée en 1110 par un Géraud Bartet, cette forteresse dépendait des sires de Crussol qui, comblés de faveurs par nos rois, occupaient de hautes charges à la cour. Au XVIe siècle, au début des guerres civiles, les Crussol firent réparer leur château. L'aîné de la famille tenait pour le parti catholique; les deux cadets avaient embrassé la réforme.

Le baron des Adrets, une des plus grandes figures de ces temps-là, s'empara de la forteresse et la ruina de fond en comble.

Par suite d'un mariage avec l'héritière des ducs d'Uzès, un Crussol prit le nom, le titre et les armes de sa nouvelle épouse, et dit adieu au berceau de sa famille pour le château plus confortable d'Uzès.

Avant de nous éloigner de ces ruines féodales, mentionnons cette tradition qui a cours dans la localité. Quand des Adrets se fut rendu maître de Crussol, il en fit égorger la garnison dont le sang remplit une citerne, où le terrible huguenot fit baigner ses propres enfants, afin, disait-il, de leur donner force, vigueur, et surtout haine du catholicisme.

Voici une autre tradition qui remonte à un temps plus reculé et que nous trouvons dans le charmant ouvrage du président de Brosses.

« Les bonnes gens nous dirent qu'un géant nommé Buard, haut de quinze coudées, avait fait son habitation de la montagne de Crussol. Cet honnête géant, ayant détruit le genre humain, voulut bien le repeupler et bâtir une ville. Pour ce faire, il engrossa toutes les filles du pays, et jeta sa lance en disant : *Va lance*. Elle alla tomber de l'autre côté du Rhône où est maintenant la ville de ce nom, et où des bélitres de Jacobins nous montrèrent ses os, qui sont bien à la vérité d'une grosse bête : mais comme les grosses bêtes de toute espèce sont moins rares que les géants, vous êtes dispensés de croire que ces os soient ceux du prétendu seigneur Buard. »

Le rocher de Crussol est, dans sa partie inférieure, composé de grès quartzeux ; au-dessus de ces grès existent de larges assises calcaires d'une dureté extrême, d'un grain fin et susceptible d'un fort beau poli qui donne à cette pierre l'apparence du marbre. De là, sortent les colonnes de la salle des Pas-Perdus du palais de Justice de Lyon, et celles de l'intérieur du palais de la Bourse. De là, sortait aussi cette belle vasque qui ornait la fontaine de notre ancienne place Impériale.

On prétend qu'une inscription latine gravée sur une borne milliaire, au pied de ces carrières, prouvait qu'elles étaient exploitées par les Romains, qui en avaient tiré les matériaux entrés dans les constructions de l'amphithéâtre d'Arles. Parmi quelques objets d'une haute antiquité, cachés dans une fissure du rocher, il se trouvait un poignard gaulois en bronze, qui fut acheté par François Artaud et déposé dans notre musée archéologique de Lyon.

Les entrepreneurs de ces belles carrières voulaient pousser leurs travaux d'extraction jusque sous le château lui-même, au risque de détruire complètement ce qui reste de ce vieil édifice. Madame la duchesse d'Uzès, à qui appartiennent ces terrains, s'y est formellement opposée.

Entre le vieux bourg abandonné et le village de Saint-Péray, dans un site charmant, est assis le château de Beauregard, qui était un pied à terre pour les seigneurs d'Uzès lorsqu'ils venaient visiter leur domaine de Crussol. Ce château est entouré d'une haute muraille, dont les lignes brisées et fortifiées offrent le plus bizarre aspect.

Beauregard fut converti en une prison d'Etat pour de grands personnages, ou en une simple maison de détention pour le commun des condamnés du département. Plus tard, il fut acquis par un riche industriel, M. Faure, qui le disposa de manière à pouvoir y champaniser les vins blancs secs du pays. Il appartient aujourd'hui à son gendre, M. le comte Lepic, ancien aide de camp de Napoléon III, et peintre amateur des plus distingués.

Saint-Péray fait un commerce considérable de vins. Qui ne connaît les vins rouges de Cornas, de Saint-Joseph, de Mauves, des Côtes-Rôties, de l'Ermitage et des collines qui bordent les deux rives du Rhône? Qui ne connaît surtout les vins blancs secs ou mousseux de Saint-Péray, rivaux heureux du champagne, du sauterne, du limoux, etc., etc.

Saint-Péray et Crussol sont à peu près en face de Valence que l'on aperçoit sur la rive gauche du fleuve, où notre vapeur ne tarde pas à aborder.

PONTON DE VALENCE

114 kilomètres de Lyon

(RIVE GAUCHE)

Ce qui frappe tout d'abord en approchant de Valence, c'est le haut clocher de la cathédrale. Très agréable est l'ensemble de la ville; beaucoup d'air et de soleil. L'Esplanade et le Champ-de-Mars, complantés de beaux arbres, dominent et longent le port qui est assez animé. La vue est fort belle sur le cours du fleuve et sur les campagnes voisines. Les Cévennes se découpent noirâtres dans la direction de l'occident. Mais le point capital du tableau est l'antique forteresse de Crussol placée là comme une sentinelle surveillant la vallée du Rhône; et, ce qui complète l'illusion, c'est l'unique croisée du donjon à travers laquelle le soleil, à son déclin, darde ses derniers rayons : on dirait l'œil flamboyant d'un cyclope!...

Des tombeaux, des pierres épigraphiques, des fragments de mosaïque et autres débris épars sont les seuls témoignages de l'occupation romaine à Valence. Le Moyen-Age y a laissé des remparts troués ou abattus en mains endroits, mais où l'on distingue encore les restes d'une forteresse élevée par François Ier.

La cathédrale, Sainte-Apollinaire, consacrée par le pape en 1095, brûlée, rebâtie plusieurs fois, nouvellement restaurée, est très intéressante au point de vue des études archéologiques. Le clocher surtout est fort beau, et le sera davantage lorsqu'il aura sa flèche terminale. Il reflète le pur style romano-byzantin, et l'Etat s'en est assuré la conservation. L'intérieur de l'église abrite le cénotaphe en marbre qui renferme le cœur du pape Pie VI, mort à Valence, en 1799. Le buste du Pontife, une des plus belles œuvres de Canova, orne l'ancien hôtel du Gouvernement.

Devant une porte latérale de l'église, sur le terrain d'un cimetière déclassé, existe un petit monument funéraire, appelé le *Pendentif*, morceau très heureux de la Renaissance française, élevé en 1535 par Nicolas Mistral, chanoine de Valence.

Plusieurs membres de la famille des Mistral firent partie du parlement de Dauphiné.

Nous ne pouvons que mentionner les églises de Saint-Ruf, de Saint-Jean-Baptiste, de Saint-Pierre-du-Bourg et des Cordeliers. Cette dernière église sert de magasin de fourrages.

Parlerons-nous de la *maison des Têtes*, bâtie au milieu du XVIe siècle? Sa façade est divisée en plusieurs compartiments où sont sculptés, en ronde bosse, une foule de sujets mythologiques du plus curieux effet. Elle est construite en molasse, pierre tellement friable que cette décoration est dans l'état le plus déplorable.

Les nouveaux quartiers sont percés de larges avenues qui, du port et du pont suspendu, aboutissent au cœur de la ville. La gare du chemin de fer est agréablement située.

Un amateur ne saurait oublier une visite la Bibliothèque publique, où il verra des ouvrages choisis avec goût, non plus qu'au musée où il remarquera des Rubens, des David, des Pradier et d'autres artistes en renom.

Il y verra aussi une galerie d'Histoire naturelle et une collection d'antiquités, dont le morceau capital est le superbe taurobole dédié à Cybèle et découvert dans les environs de Tain.

On voit à Valence plusieurs manufactures de toiles peintes et d'étoffes de soie.

Comme la plupart des villes de la province, Valence eut à subir toutes les vicissitudes des guerres de religion. Le baron des Adrets, auquel on attribue tant d'actes de cruauté, s'étant emparé de la ville, fit massacrer le gouverneur et pendre son cadavre à l'une des croisées de son hôtel.

L'Esplanade est ornée de la statue en bronze du général Championnet, œuvre du sculpteur Sapet, érigée sous le règne de Louis-Philipe.

Championnet, né en 1762, était le fils naturel d'un nommé Grand, maître de poste, et d'une jeune paysanne, Madeleine Colliou, sa fermière, au village de Soyons, où l'on montre encore la maison dans laquelle l'enfant passa ses premières années. Engagé à l'âge de quatorze ans, il assista au siège de Gibraltar, à Fleurus et aux principales batailles de la République; il s'illustra par la conquête du royaume de Naples, et vint mourir à l'hôpital de Nice, en l'année 1800. Son cœur fut apporté à Valence et déposé dans l'ancienne église de Saint-Ruf.

Valence peut aussi s'énorgueillir d'avoir donné le jour à plusieurs personnages recommandables par leurs mérites divers : à Jean-Pierre Bachasson, comte de Montalivet, ministre de l'Intérieur sous Napoléon 1er, et chargé d'accompagner l'impératrice Marie-Louise et le roi de Rome à Blois, en 1814; à son fils qui fut trois fois ministre sous Louis-Philippe et intendant de la liste civile; au sénateur Bonjean, savant jurisconsulte, ministre sous Napoléon III, un des ôtages fusillés par la Commune, en 1871; au colonel Fugière, amputé d'une jambe à la bataille d'Aboukir et commandant de la succursale des Invalides d'Avignon; à de Sucy, ordonnateur en chef de l'armée d'Egypte, massacré en Sicile où son vaisseau avait fait relâche à son retour en France.

On ne peut venir à Valence sans se rappeler le jeune Napoléon Bonaparte. Lors de son début dans la carrière militaire, il passa trois ans en garnison dans cette ville. Il occupait une modeste chambre dans la maison qui appartint plus tard à l'avoué Fiéron, et était reçu dans la famille de Mme du Colombier, femme d'un grand esprit qui devina l'homme de génie dans le simple lieutenant d'artillerie.

Inutile d'apprendre aux paléographes que le respectable archiviste de la Drôme, M. Lacroix, habite cette ville, et que chacun peut mettre à contribution ses vastes connaissances.

Quelques lignes sur une femme poète dont tout le monde connaît le sympathique talent. Son profond amour pour sa province lui a inspiré des descriptions pleines de charme et des chants de la plus heureuse facture, ce qui lui a valu le surnom de *Muse du Dauphiné*.

Mlle Adèle Souchier a su également exprimer les tendres aspirations de l'âme, la rêverie mystérieuse et la mélancolie indéfinissable du cœur. De plus, elle a écrit un certain nombre de romances et de pastorales dans le dialecte du Midi, qui, à Valence, est parlé couramment.

Déjà, dans cette ville, les patois lyonnais et dauphinois se sont graduellement transformés ;

aux finales assourdies ont succédé des tons plus accentués, plus colorés, plus sonores, en même temps que plus harmonieux. Ce dialecte, mélange heureux d'énergie et de grâce, se prête admirablement à toutes les productions de l'esprit, et dans la bouche d'une femme, d'une jolie femme surtout, il acquiert un charme inexprimable. La voix semble chanter !..

Au-delà de Vienne, on s'aperçoit déjà d'un changement de climat; à Valence, on est en plein Midi. Le ciel est plus bleu, l'atmosphère plus transparente, la lumière plus intense, le fleuve plus limpide, plus scintillant; ses vagues sont irisées des plus vives nuances : *aco's lou Rosé* : disent les riverains avec certain orgueil. La nature a pris une autre coloration et les rochers eux-mêmes ont revêtu des tons plus variés.

On a quitté les rochers granitiques du Lyonnais, les gneiss et les micaschistes de Givors et de Condrieu, pour les roches calcaires, crayeuses et néocomiennes qui, à partir de Tournon et de Tain, surgissent de terrains de transport et se prolongent sur les deux rives du fleuve jusqu'à son embouchure. Des laves et des roches volcaniques se montrent çà et là sur la rive droite aux environs de Rochemaure, de Roquemaure, surtout sur la montagne de Chenavary dont le sommet présente le cratère d'un ancien volcan.

Notre paquebot gagne le milieu du Rhône et côtoie plusieurs îles, dont la plus importante est la Grange-Madame.

Depuis l'embouchure de l'Isère, on rencontre des trains formés de ces beaux fûts de sapins, et de ces énormes troncs de hêtres et de chênes enlevés aux montagnes du Vercors, de la Chartreuse et du Haut-Dauphiné. Destinés à nos arsenaux maritimes, ces convois profitent des crues de la rivière torrentueuse pour gagner le Rhône. Ils sont conduits par des mariniers connus sous le nom de *Radeliers* de l'Isère.

Mais sommes-nous le jouet d'un rêve? Quel est donc ce spectacle qui s'offre à nos regards? On aperçoit sur la rive droite un roc dénudé, le Sangle, au sommet duquel une énorme tour carrée, inclinée hors de la perpendiculaire, donne comme le souvenir de la fameuse tour penchée de Pise. C'est la *Tour Maudite*, c'est la tour de Soyons.

La tradition populaire prétend que cette tour faisait partie d'une abbaye de bénédictines, dont les huguenots, commandés par le capitaine Brison, se rendirent maîtres en 1569, et dont l'abbesse, Louise d'Amanze, se hâta d'embrasser la religion réformée ; que quelques religieuses suivirent son exemple, tandis que les autres se réfugièrent à Valence où elles se fixèrent ; que finalement l'abbaye fut ruinée à l'exception de la tour qui, par son inclinaison, témoigne de la colère de Dieu.

Quelques écrivains, répudiant cette légende, ne voient dans cette tour que le donjon du château qui défendait le village et l'abbaye de Soyons, où l'on ne pouvait parvenir que par un sentier difficile taillé dans le roc lui-même et serpentant sur l'un de ses côtés.

Après la ruine du monastère, les calvinistes restèrent dans le château d'où, dominant la contrée, ils gênaient les mouvements des troupes catholiques. Le prince de Condé vint les y assiéger et les en chasser. Le château fut détruit. Mais la tour, seule partie visible, dut sa position anormale à la disparition des points d'appui ou à un affaissement du terrain.

Le village et l'église de Soyons sont groupés entre le rocher du Sangle et le Rhône. Le village est curieux à visiter par ses vieilles habitations ; et l'église, devant laquelle on voit un tombeau romain et un taurobole, possède un fragment des reliques de saint Venance, dont le corps fut brûlé par les huguenots. Cette relique est l'objet d'un pèlerinage assidûment suivi par les populations d'alentour.

Un autre fragment, plus important, se trouve dans l'une des églises de Valence, où les religieuses le déposèrent en s'enfuyant de l'abbaye.

A Charmes, encore un village pittoresque et un manoir démantelé : ce sont de vieilles et sordides maisons, placées comme au hasard à travers des ruelles rétrécies, qui grimpent péniblement dans la sombre enceinte des remparts pour aller se souder au donjon juché sur un méplat de la montagne. Partout, des restes de la forteresse, de sombres voûtes et d'énormes pans de murailles. Une vénérable église surgit au milieu de ces débris.

Les habitants de Charmes n'ont point déserté la demeure des anciens. Peu de localités ont conservé une physionomie plus fidèle d'un bourg du Moyen-Age.

Il en est de même d'un autre village voisin, qui ne le cède en rien comme aspect au précédent. C'est Beauchastel.

Beauchastel, Saint-Laurent-du-Pape et Pierregourde étaient trois importantes forteresses, qui défendaient l'entrée de la riche et pittoresque vallée de l'Eyrieu.

Comme tous les bourgs et châteaux de la contrée, ceux-là eurent aussi leur part des malheurs de ces temps troublés par des querelles sans cesse renaissantes.

On raconte les hauts faits d'un seigneur de Pierregourde, François de Barjac, chef de partisans huguenots, que ses cruautés avaient fait surnommer le *des Adrets du Vivarais*. Il périt misérablement dans son château, trahi par une de ses maîtresses qui le livra aux soldats catholiques.

A Beauchastel, on a découvert un cippe dédié à Mercure, trouvé par des mariniers dans une délaissée du Rhône. Il est orné de moulures et d'un beau couronnement.

Sur la rive opposée, au sein d'une des plus

fertiles plaines de la Drôme, voici l'ancien manoir féodal d'Etoile, que Louis XI habita alors qu'il était gouverneur du Dauphiné et qu'il s'y exerçait au métier de roi. C'était une des places fortes de la province. Restauré et embelli par Diane de Poitiers, qui avait joint à son titre de duchesse de Valentinois celui de dame d'Etoile, ce château, qui reçut la visite de Henri II venant saluer cette célèbre favorite, n'est aujourd'hui qu'une usine où l'on mouline et où l'on ouvre la soie, principale industrie de la contrée.

Non loin d'Etoile et près de l'embouchure de la Drôme, la ville de Livron est coquettement assise sur le penchant d'un coteau. Du paquebot l'aspect en est agréable ; mais l'intérieur n'y répond nullement. Un château-fort et des murailles flanquées de quinze tours lui donnaient une certaine importance en tant que place de guerre ; mais à la suite de prises et de reprises, cette ville fut démantelée par Louis XIII et le cardinal Richelieu.

Là aussi on voit de vastes filatures de soie, auxquelles on a joint des filatures de coton ; il s'y trouve aussi des moulins à blé d'un aspect fort pittoresque.

Dans un champ voisin, à la Paillasse, on a recueilli, au milieu de débris antiques, une borne milliaire érigée sur la voie Domitienne, en 147, sous le règne d'Antonin-le-Pieux.

Nous continuons notre voyage au sein d'un véritable archipel d'îles plus ou moins grandes, qui portent les noms de Saint-Marcel, de Roussillon, de Pommeau, de la Baraque, etc. Puis le bruit strident de la sirène nous signale un ponton; le vapeur ralentit sa marche et stoppe en face de La Voulte.

PONTON DE LA VOULTE

132 kilomètres de Lyon

(RIVE DROITE)

Cette ville doit son nom à une large courbe ou volte que le Rhône décrit en cet endroit, un peu au-dessous de l'embouchure de l'Eyrieu et du village de Beauchastel. Elle présente deux aspects bien différents : un quartier moderne sur le port qui est encombré de mariniers et d'ouvriers; le chemin de fer du Theil et son embranchement sur Livron; des hauts-fourneaux, des établissements métallurgiques et des entrepôts où l'on entasse leurs divers produits et de véritables montagnes de bombes, d'obus et de boulets pour le service de l'artillerie. C'est là le bourg industriel.

Un autre quartier, groupé sur les flancs de la montagne au milieu de vieux remparts, autour d'une vieille église et d'un vieux monastère ; un labyrinthe de culs-de-sacs, de ruelles et de maisons basses, sombres, aux rares ouvertures qui ne livrent passage qu'à un jour douteux, présentent le tableau le plus misérable que l'on puisse imaginer et le plus bizarre amalgame où chaque siècle a posé son empreinte ; pour habitants, de pauvres ménages qui fabriquent de la toile commune ou confectionnent des chaussures grossières. C'est l'ancien bourg féodal et guerrier.

La Voulte est une de ces vieilles villes historiques comme on en rencontre à chaque pas sur les bords du Rhône, où elles ont été élevées pour défendre les passages du fleuve ou l'entrée d'une vallée. Leur vue nous inspire toujours un certain respect ; ce sont les témoins des vieux temps. La forteresse, ses murailles et la haute tour qui servait de beffroi, sont restées immobiles sur leurs assises de granite, depuis le XIIe siècle, époque de leur construction. Mais la plupart des maisons sont descendues de degrés en degrés jusque sur les rives du fleuve ou dans la plaine fertile et d'un accès facile.

Tout tend à se déplacer et à suivre le progrès de la civilisation. L'ouverture d'une nouvelle route, jointe à la sécurité donnée à nos campagnes, avait naturellement appelé à ses côtés les habitations auparavant groupées sous la protection du château féodal. De nos jours, la gare d'un chemin de fer ne sollicite-t-elle pas, à sa proximité, la création de restaurants, de magasins et d'entrepôts qui forment bientôt un nouveau quartier au détriment des anciens?

Pendant la révolte du Vivarais, Louis XIII et Richelieu séjournèrent quelque temps dans le château de La Voulte. Il appartient aujourd'hui à la compagnie des fonderies et forges de Terrenoire, La Voulte et Bessèges. Approprié à une nouvelle destination, il a vu ses créneaux supprimés, ses fenêtres élargies et ses tours rasées au niveau de la toiture; ses vastes salles ont été divisées pour recevoir les bureaux de l'administration et servir d'appartements au directeur et aux principaux employés.

C'est aux Lévy-Ventadour, une des familles qui possédèrent La Voulte, que l'on doit certaines parties du château remarquable par le style le plus élégant de la Renaissance. Leurs noms et leurs devises se voient encore çà et là; leurs armoiries et le millésime de 1582 ornent le dessus des principales portes.

Au sujet des Lévy, on sait que, jouant sur la ressemblance de leur nom avec celui de la tribu israélite aimée de Dieu, ils prétendaient descendre de cette tribu et, conséquemment, être parents avec la Sainte Vierge.

Dans l'église du château, un tableau représentait la madone tenant l'enfant Jésus dans ses bras; elle apparaissait, sur un nuage, à un Lévy prosterné devant elle; un phylactère partait de sa main et allait rejoindre le chevalier en prière. On y lisait ces mots : *Venez à moi, mon cousin !...*

A l'époque de la Terreur, un commissaire de la Convention se transporta dans l'église, viola les tombeaux des anciens seigneurs et fit jeter leurs restes à la voirie, au milieu des plus hideuses saturnales.

PONTON DE POUZIN

137 kilomètres de Lyon

(RIVE DROITE)

EN quittant le port de La Voulte, le *Gladiateur* passe sous le beau viaduc à cinq arches établi sur le Rhône pour le raccordement sur Livron de la voie du Theil à la grande artère de Lyon à Marseille. Il laisse sur la gauche le confluent de la Drôme, et le vaste estuaire formé par les amas de graviers que ce torrent a entraînés avec lui et qui donne naissance à cette multitude d'îles et d'îlots que l'on rencontre plus bas. Sur la droite, il laisse le débouché de l'Ouvèze, qui amène également au fleuve son contingent de cailloux.

Le ponton qui nous est signalé est celui du Pouzin ; tout auprès un pont en fils de fer est jeté sur le fleuve dans la direction de Loriol.

Le Pouzin est moins une ville qu'une vaste agglomération d'usines, d'ateliers, de hauts-fourneaux, de fonderies et autres établissements où l'on transforme en fonte le minerai extrait des montagnes voisines et traité selon les plus récents et les meilleurs procédés ; cela forme comme une longue rue ménagée entre le fleuve et les rochers dénudés où se pressent maisons d'habitation pour les ouvriers, auberges, chapelles, écoles, hôpital, magasins, le tout administré par la Société elle-même ; c'est un vrai phalanstère où tout le monde vit comme des Cyclopes, au milieu du bruit, du feu et de la fumée.

Ce vaste établissement faisait partie de la Société dite de Terrenoire, La Voulte et Bessèges, laquelle a contribué à donner un grand élan à l'industrie de la métallurgie en France. Aujourd'hui, les hauts-fourneaux ont été remplacés par une grande distillerie qui consomme surtout des maïs étrangers.

Quoi qu'il en soit, le Pouzin est avantageusement placé pour l'exportation de ses produits : le Rhône, les deux lignes de voies ferrées, celle de Livron à Privas, les deux grandes routes nationales et les routes départementales.

Tout cela est fort beau, fort utile, et témoigne hautement des progrès industriels et du génie de l'homme; mais, encore une fois, nous n'avons pas quitté les usines et les ateliers de la Mouche, de Saint-Fons, d'Oullins et de Pierre-Bénite; nous n'avons pas fait cent cinquante kilomètres pour venir admirer les cheminées du Pouzin et la fumée qu'elles vomissent dans l'espace !

Le Pouzin dont la position à l'entrée de la vallée de l'Ouvèze formait un point stratégique important; ce fut un des bourgs qui eurent le plus à souffrir des discordes politiques et religieuses. Sièges, assauts, massacres, pillages, incendies, pestes, tous ces fléaux réunis s'abattirent sur cette malheureuse place, complètement ruinée par Lesdiguières et Montmorency. C'est à peine si l'on y rencontre quelques vestiges du vieux château et des remparts qui le défendaient.

Non loin du bourg, on a découvert plusieurs tombeaux romains et des amphores qui contenaient un grand nombre de médailles en argent, depuis Auguste jusqu'à Postume, des bijoux en or, des figurines en bronze, et autres objets précieux.

Reprenons notre marche aussi commode que rapide. Les rives du département de la Drôme sont plates, monotones, inondées souvent. Ce n'est qu'à la distance de plusieurs kilomètres qu'on aperçoit, sur les coteaux, les villes desservies par la route nationale et par la voie ferrée.

Loriol ne présente aucun intérêt; Saulce n'a que les vestiges d'un château d'où Louis XI data plusieurs édits; Lène possède une vieille tour, nommée la tour de la *Lépreuse*, où aurait été enfermée une dame de la famille de Poitiers atteinte de cette terrible maladie si fréquente au Moyen-Age. Le produit du péage perçu sur les voyageurs, passant dans le village, aurait été, dans l'origine, assigné à l'entretien de cette malheureuse dame.

Les rives du département de l'Ardèche, au contraire, sont dominées par une chaîne de rochers, dont le pied est en certains endroits rongé par le fleuve, qui, parfois, grâce à ses sinuosités, s'en éloigne ; ce qui forme quelques plaines allongées et très fertiles. Aussi cette rive continue à être infiniment plus pittoresque que l'autre.

Au dessous du Pouzin, le *Gladiateur* double un promontoire, et une vieille petite forteresse surgit tout à coup devant nous; un hameau est à ses pieds. Le hameau se nomme Baix ; la forteresse, Sur-Baix.

Assiégée par le duc d'Uzès, cette forteresse, vaillamment défendue par le capitaine de Pierregourde, ne put être forcée. Mais le hameau fut réduit en cendres. A la paix générale, Sur-Baix fut une des places de sûreté que la cour accorda aux calvinistes.

On longe les îles de Giraud et de Prentegarde; on passe devant le village de Cruas.

Sur un monticule séparée de la montagne, s'élève une majestueuse masse de murailles et de tours, de bastions et de courtines, le tout défendu par de puissants contreforts, des meurtrières, des herses, des créneaux, des machicoulis et par des guettes suspendues aux angles des remparts, Un donjon surveille cet ensemble qui remet sous nos yeux un échantillon de l'architecture guerrière et monastique à la fois des époques féodales. Ce sont les ruines de l'antique abbaye de Cruas.

Au-dehors, se trouve une vénérable église romane qui, elle aussi, est un des plus anciens monuments religieux de la province.

L'effet général de cette église, très belle comme lignes et comme détails, est loin cependant d'être favorable aux yeux de l'artiste et de l'archéologue. Elle manque de hauteur et semble inachevée; le portail est réduit d'un tiers environ; l'intérieur offre la même disproportion. Les colonnes sont comme affaissées sous le poids de la voûte, qui paraît beaucoup trop basse. Les fenêtres sont presque au niveau des dalles de l'église et du sol extérieur.

Une autre église, espèce de crypte, règne sous toute la longueur et la largeur des nefs supérieures. Dès le principe, ces deux églises superposées n'en formaient qu'une seule; un plancher les a divisées. Les murailles et les colonnes se prolongent de l'une à l'autre, d'où l'exiguité des deux étages de ce curieux monument.

Cette bizarrerie provient d'une cause tout

accidentelle. Le terrain qui entoure l'église s'est exhaussé graduellement par suite des dépôts de terre et de pierrailles amenés là par les débordements d'un ruisseau qui longeait la muraille de l'édifice, mais que des travaux modernes ont repoussé plus loin.

Dans l'église supérieure est un tombeau sur lequel est couchée la statue d'un chevalier du Moyen-Age. D'après une inscription du XIII° siècle, là repose le seigneur Adhémar de Poitiers-Valentinois.

Une autre tombe se trouve en dehors, près du porche; quoique brisée, on y reconnaît l'effigie d'un personnage couvert de vêtements sacerdotaux. Ces deux pierres tombales sont d'un travail grossier et tout primitif.

L'église de Cruas faisait partie de l'abbaye fondée au IX° siècle par la comtesse Hermengarde, épouse du comte Eribert de Vivarais, à la suite de l'événement que voici :

Chassant un jour dans ce pays alors désert, les deux époux furent sur le point d'être dévorés par une louve furieuse qui s'élança de son repaire. La comtesse fit vœu, s'ils échappaient au monstre, de construire une abbaye en cet endroit même. Ce qui eut lieu sous le règne de Charlemagne, en l'année 804, ainsi que nous l'apprend une charte de Louis-le-Débonnaire, brûlée, dit-on, avec d'autres pièces précieuses, en 1793, sur la place publique du village.

L'abbaye de Cruas fut deux fois assiégée vainement par les huguenots; elle n'avait pour défenseurs que son abbé et ses moines. L'ennemi ne s'éloigna qu'après avoir ruiné les campagnes voisines.

La petite chapelle du donjon renferme un beau cippe romain érigé par Marpessius au souvenir de son frère, qui était gouverneur de Lyon.

Derrière le village, se trouve la montagne dans les flancs de laquelle on a ouvert les profondes carrières d'où sortent ces belles pierres de taille, sillonnées de veines rougeâtres sur un fond jaune tendre. Mais cette pierre se détériore sous les influences atmosphériques, et son emploi doit se restreindre aux parties intérieures des édifices qui sont à l'abri de la pluie et des gelées.

Le bateau côtoie la longue plaine de Meysse,

qui est remarquable par sa fertilité et ses divers produits agricoles.

Un petit commerce que les habitants joignaient autrefois à leurs travaux de culture, était l'extraction et la confection de pierres à fusil. Ce commerce a cessé devant l'emploi des nouvelles armes perfectionnées.

A l'extrémité de la plaine, où trop souvent le Rhône vient prendre ses ébats, a surgi comme un champignon de cent mètres de hauteur un roc isolé de nature volcanique. Un château fort est perché sur son sommet, et ses murailles sont tellement enchevêtrées avec les aspérités de la roche qu'il est difficile de savoir si elle n'en fait pas partie intégrante. Quelques bicoques y sont aussi accrochées. L'accès en paraît impossible. Un certain nombre d'habitations forment un petit quartier à proximité du fleuve où un port et un pont favorisent le maigre commerce de la localité.

C'est Rochemaure, ancienne place de sûreté accordée aux catholiques, que ceux-ci purent conserver, malgré les attaques réitérées dont elle fut l'objet de la part des calvinistes.

Au milieu du chaos qui règne dans les ruines du vieux château, on reconnait les anciens appartements qui devaient être somptueux, à en juger par des restes de devises, de chiffres, de peinture et autres décorations ; le tout dénotant un bon style et une main exercée.

Rochemaure est certainement un des tableaux les plus émouvants et les plus pittoresques de la contrée, tant par l'aspect bouleversé de son sol que par les ruines qui le recouvrent.

La construction de cette forteresse serait due à deux chevaliers qui, au XIIIe siècle, revenaient de la Terre-Sainte, le comte Bermond d'Anduze et le baron Adhémar de Poitiers.

Adhémar de Poitiers mourut à Rochemaure, en 1279, après avoir dicté son testament en présence des principaux seigneurs de ses vastes domaines. Aux Poitiers, succédèrent les Lévy-Ventadour et les Rohan-Soubise.

A quelques kilomètres de Rochemaure, s'élève la montagne conique de Chenavary, où le populaire aime à voir sur son sommet, creusé en forme de cuvette, le cratère d'un ancien volcan. On y parvient par un sentier couvert de laves et appelé le *Pavé des Géants*, absolument comme dans la grotte de Fingal.

Le bateau passe entre les îles du Drays, l'île du Blanc, l'île de la Luisène, l'île de la Barquasse et beaucoup d'autres îles qui demeurent innommées.

En face de Rochemaure, est un petit village, Ancone, où jadis s'arrêtaient les rigues et les équipages des bateaux de remonte. Une vieille tour de péage précédait le village et le port qui, depuis longtemps, ne voient plus s'arrêter nos robustes et puissants mariniers.

On sort enfin de ce véritable archipel, où le pilote a besoin de toute son expérience pour franchir sans danger ces passes difficiles. Voici le ponton du Theil, amarré en aval du pont qui relie les deux départements de l'Ardèche et de la Drôme.

PONTON DU THEIL

162 kilomètres de Lyon

(RIVE GAUCHE)

Ce ponton dessert la ville de Montélimar, éloignée d'environ quatre kilomètres du pont, et le village du Theil, situé rive droite.

On peut également prendre au Theil le train pour monter aux eaux de Vals, et c'est même une combinaison très agréable que d'aller de Lyon à Vals en utilisant les bateaux jusqu'au Theil.

Ne vous attendez pas à trouver ici des tableaux pittoresques et des épisodes historiques; en fait de monuments féodaux, rien que d'insignifiants débris d'un manoir fondé par Adhémar de Monteil; et pour promenades artistiques, rien que des routes poudreuses, au milieu d'une atmosphère poudreuse aussi ; partout de la fumée mêlée à la poussière impalpable qui, l'une et l'autre, s'échappent des nombreuses cheminées d'usines pointant de tous côtés. La campagne, les maisons, les vêtements des habitants, les arbres même, tout enfin reflète une couleur cendrée, couleur terne, uniforme, désagréable au promeneur et surtout à l'artiste.

Le Theil (Ardèche) est un immense établissement dans lequel fourmille une nombreuse population d'ouvriers, occupés, les uns à fouiller la roche et à en extraire la pierre ; les autres à brûler cette même pierre dans des fours spéciaux ; ceux-ci à la faire passer sous des meules et à la réduire en poudre ; ceux-là à mettre cette poudre dans des sacs et à l'expédier de tous côtés, soit par le fleuve, soit par les chemins de fer.

C'est ce que l'on appelle de la chaux hydraulique et du ciment calcaire, qui tous deux ont acquis tant d'importance, depuis quelques années, pour la maçonnerie exposée à l'action dissolvante des eaux ou des intempéries des saisons ; propriétés que ne possède pas la chaux grasse ordinaire, privée de principes argileux.

Par la juste proportion de calcaire et d'argile qui composent cette roche du Theil, les chaux et les ciments qui en proviennent sont considérés comme les meilleurs que l'on connaisse, jusqu'à présent, pour tous les travaux hydrauliques.

Cette découverte est due au savant chimiste Vicat, dont les multiples travaux ont tant contribué aux progrès de l'agriculture et de l'art des constructions en France.

A côté de cette vaste exploitation, qui porte le nom de *Société Pavin de La Farge,* on fabrique au Theil une grande variété de poteries, avec une espèce de terre réfractaire favorable à cette industrie. Avec cette même terre, on confectionne aussi quantité de vases et de creusets employés pour la fusion des différents métaux.

Par la présence d'un banc de graviers qui obstrue le lit du fleuve aux abords du quai, ou sans doute pour être plus à portée de la ville de Montélimar, pour laquelle les paquebots ont toujours de plus forts chargements que pour le Theil, le ponton, au lieu d'être placé devant le port lui-même, en face des établissements industriels, se trouve sur la rive opposée, à peu de distance en aval du pont que, voyageurs et marchandises, quittant le bateau, sont obligés de traverser pour arriver dans le bourg du Theil; tandis que, de leur côté, ceux qui sont à destination de Montélimar (Drôme), trouvent devant le ponton, voitures et fourgons

Un mot sur Montélimar que l'on aperçoit au levant, dans l'intérieur des terres. Cette petite ville est assise sur le versant adouci d'un petit coteau, au confluent du Roubion et du Jabron, dans une position assez avantageuse.

Ce qui frappe tout d'abord le voyageur venant par la route du Theil, c'est, sur le haut du coteau, une massive construction du XIVe siècle, le Château, et une grosse tour carrée, la tour de Narbonne. Ce château servait de résidence au gouverneur du Dauphiné depuis la réunion de cette province à la France. On y remarque aussi quelques débris de remparts, dans l'enceinte desquels étaient renfermées des rues contournées et des maisons assez prosaïques. Le tout est sans caractère particulier, mais indique l'importance relative que la ville eut autrefois dans l'histoire de la province.

Montélimar, chef-lieu d'arrondissement de

la Drôme, est-il d'origine romaine? Rien ne semble le prouver, si ce n'est le nom d'*Acusio* qu'on lui attribue et les fragments d'une colonne milliaire, où l'on croit découvrir le nom de l'empereur Aurélien. Le plus ancien monument que l'on y connaisse est la charte d'affranchissement que les frères Lambert et Aimar, seigneurs de Montily, octroyèrent aux habitants, en l'année 1198.

Cette charte, rédigée en latin, est gravée en lettres gothiques sur une tablette de marbre, qui, après avoir subi divers déplacements, selon les temps et les circonstances, est actuellement déposée dans l'une des galeries du musée et de la bibliothèque, à l'Hôtel-de-Ville. Ce marbre est aussi précieux pour Montélimar que le bronze, dit *la Table de Claude*, pour Lyon.

Comme la plupart des villes du Dauphiné, Montélimar fut successivement au pouvoir des catholiques et des protestants; il eut beaucoup à souffrir de ces diverses occupations.

Lorsque l'amiral Coligny assiégeait Montélimar, la garnison, à chaque sommation de se rendre, ne faisait qu'une réponse *grenadière*, comme nous l'apprend un récit contemporain, dit, *la Chanson de Montélimar*. Cette réponse est-elle de même nature que celle de Cambronne à Waterloo?...

Mais ce mot n'empêcha point Coligny de pratiquer une brèche. La garnison et tous les hommes valides étaient décimés, la brèche allait être escaladée, lorsqu'une troupe de femmes armées, conduites par une jeune fille, nommée Margot Delaye, parurent sur le rempart et jetèrent la terreur parmi les huguenots, qui levèrent le siège et s'éloignèrent précipitamment.

Le souvenir de Margot, nouvelle Jeanne Hachette et peut-être Jeanne d'Arc, s'est conservé à Montélimar; mais son effigie placée sur la partie du rempart où la brèche avait été pratiquée a disparu aujourd'hui. Dans notre temps de statuomanie à outrance, pourquoi ne rétablirait-on pas l'effigie de l'héroïne montillienne?...

Entre autres notabilités qui ont vu le jour à Montélimar, on ne saurait oublier le naturaliste Faujas de Saint-Fond, non plus que l'abbé de Genoude, connu, comme publiciste, par son active coopération à la rédaction de la *Gazette de France* et par plusieurs ouvrages d'ardente polémique.

De son vrai nom, il s'appelait Genou ; mais il le modifia à la suite d'une circonstance assez curieuse. Ardent royaliste, il avait sollicité du roi Louis XVIII la faveur d'être anobli et de prendre la particule. Le roi lui répondit en souriant avec malice : Puisque vous y tenez tant, mettez un *de* à la tête et à la queue de votre nom. M. l'abbé Genou mit ainsi son nom à genoux entre deux particules de contrebande, dit M. de Coston dans l'un de ses ouvrages.

M. Adolphe de Coston est fils d'un ancien lieutenant-colonel d'artillerie qui perdit un bras dans la campagne de Russie, et pour de brillants faits d'armes, reçut le titre de baron de l'Empire.

Né à Valence, en 1816, et depuis longtemps fixé à Montélimar, il a publié divers ouvrages sur l'origine des noms propres des principales familles de la Drôme et sur l'étymologie des noms de lieu de ce département. Ces volumes, devenus très rares, sont consultés par les savants qui y trouvent des détails inédits, tirés des archives publiques, et des documents privés communiqués à l'auteur.

M. Ludovic Vallentin, juge au tribunal civil de Montélimar, est un archéologue et un bibliophile éminent. Il possède une bibliothèque d'environ 10,000 volumes sur l'histoire du Dauphiné; de plus un véritable musée lapidaire des époques préhistoriques, de l'antiquité gallo-romaine, du Moyen-Age, de la Renaissance et des temps modernes.

Ce sont là de précieuses collections particulières, que leur propriétaire met à la disposition des érudits et des amateurs de la ville, aussi bien que de ceux qui y sont de passage.

Mais, sous le rapport des collections publiques, Montélimar n'est pas encore au niveau des autres cités de la province. On y voit cependant un musée et une bibliothèque, dont la création remonte déjà à une trentaine d'années. Privés d'un local suffisant, ces deux établissements ne purent se développer et restèrent à l'état rudimentaire.

Aujourd'hui, grâce à la construction d'un

nouvel Hôtel-de-Ville, ils occupent un emplacement convenable ; grâce surtout à l'initiative de MM. Vallentin et de Coston, leur avenir paraît désormais assuré. Ces deux savants sont fort bien secondés par M. Rouveyre, secrétaire général de la Mairie.

Parmi les meilleures toiles que possède le musée, il faut signaler la *Petite cribleuse*, de Deschamps ; une *Italienne implorant saint Antoine de Padoue pour son enfant malade*, de Clément ; un paysage de Laurent Leclaire ; le *supplice d'Urbain Grandier*, de Charles Drivon ; enfin *un Mariage romain*, de F. Grellet. Tout cela est moderne.

La galerie archéologique renferme, avons-nous dit, la fameuse table de marbre où sont gravées les franchises de la ville ; de plus, on y voit un certain nombre de pierres sculptées ornées de chapiteaux, d'armoiries, d'inscriptions latines, de devises, d'attributs symboliques, d'arabesques et autres ornements de style Renaissance. Par leur forme en claveau, ces pierres indiquent qu'elles faisaient partie de la porte d'entrée d'une vieille maison construite en l'année 1500, dans la rue des Taules, par la famille Marcel de Montélimar, anoblie par Louis XI, en 1473.

Quant aux autres prétendues œuvres d'art, provenant de certains dons particuliers, le bon goût et les connaissances les plus élémentaires y font complètement défaut. On dirait vraiment que tous les rossignols de nos marchands de bric-à-brac et les rebuts de nos broyeurs de couleurs sont, de guerre lasse, venus échouer à Montélimar, après avoir été refusés par nombre d'amateurs et par le musée de Lyon. Mais hâtons-nous de dire que quelques notabilités montilliennes ont vainement protesté contre semblable exhibition ; les étrangers eux-mêmes en sont péniblement affectés. L'administration dut accepter tous ces objets de pacotille, craignant, sans doute, de refroidir le zèle des donateurs.

Montélimar, à notre avis, devra se borner, en attendant mieux, à ne recueillir que ce qui est relatif à son histoire locale. Qu'on ne l'oublie pas : c'est là le rôle qui incombe naturellement aux petites villes, si elles veulent engager les savants et les artistes étrangers à y séjourner pour étudier leurs richesses archéologiques.

Nombre de bourgs moins importants dont il est question dans ce présent ouvrage peuvent très bien leur servir de modèle. Nous le répétons, un voyageur sera certes plus heureux de rencontrer une pièce inédite et des matériaux originaux intéressant la province, que de revoir de vulgaires chromos, de médiocres copies ou des rebuts de vieilles friperies.

Quelques heures suffisent pour visiter Montélimar. L'intérieur du vieux château transformé en prison et dont plusieurs pièces sont assez bien conservées; l'ascension de la tour de Narbonne, d'où l'on découvre un immense horizon, et dont la porte d'entrée montre, dans la pierre formant clé de voûte, le millésime de 1596; la chapelle gothique de Sainte-Agathe, qui en dépend et offre quelques traces de peintures à la fresque; les vieux quartiers mal percés; des maisons à portiques, d'autres à pignons et à façades sculptées; le nouvel Hôtel-de-Ville dont une aile est affectée au Tribunal et l'autre aux services municipaux; une belle fontaine et de charmantes promenades au Champ-de-Mars, aux squares de la gare et sur les bords du Roubion et du Jabron réunis dans un seul lit; tel est le bilan sommaire des curiosités à voir dans Montélimar.

Disons encore que la ville est en train de se rajeunir et de faire peau neuve ; que des rues ont été rectifiées; que de nouvelles habitations se sont élevées, bien que les anciennes, restées ce qu'elles étaient jadis, cherchent à vouloir, elles aussi, de l'air et de la lumière. Mais l'avenir de la ville est dans le quartier de la gare, une des plus élégantes de la ligne P.-L.-M.

Le territoire de la commune offre un joli coup d'œil; il est alterné de plaines et de coteaux; une vigoureuse végétation ombrage les bords des deux rivières.

Jean-Jacques Rousseau, se rendant dans le Midi, rappelle les promenades qu'il fit dans les environs de Montélimar, « dans le plus beau pays et sous le plus beau ciel du monde ». Olivier de Serres, le célèbre agronome, avait auparavant parlé « des friands vins clairets de Montélimar ».

Peut-on venir dans cette ville sans goûter à ses nougats et à ses berlingots qui, expédiés au loin, popularisent sa réputation; et sans rappeler aussi la plaisante épithète donnée à ses habitants par les loustics des provinces voisines, et auxquels on attribue une foule d'anecdotes que nous ne pouvons répéter ici ?

Au point de vue industriel et commercial, on doit citer entre autres de nombreuses tanneries et chamoiseries, quelques moulins à huile, ainsi que de belles fabriques de chapeaux en feutre, créées par A. Monier et ses fils qui y occupent près d'un millier d'ouvriers et ouvrières.

Peu d'instants après avoir quitté le Theil et dépassé l'embouchure du Roubion, on aperçoit, sur la rive droite du Rhône, le tout petit hameau de Saint-Thomé, avec son monastère ruiné, ses débris de fortifications et son tronçon de pont romain.

Les hautes cheminées des usines du Theil et de La Farge et les crêtes blanchâtres de ses rochers sont déjà bien loin de nous, quand on signale l'approche de Viviers. Bientôt sa belle cathédrale et son hardi clocher, bientôt son palais épiscopal, bientôt la ville entière délicieusement disposée en amphithéâtre apparaissent devant nous.

L'histoire écrite ne fait nulle mention de Viviers avant le V⁰ siècle. L'antique *Alba*

Augusta venait de disparaître sous les flots des Barbares accourus au partage de l'empire. Son emplacement n'est point exactement fixé; mais il ne saurait être éloigné de la ville actuelle.

A cette époque, Viviers, qui plus tard devint la capitale du Vivarais, ne se composait que de misérables cabanes rassemblées autour d'un château-fort, perché sur le rocher où siègent aujourd'hui la cathédrale et les principaux édifices de la ville.

Passons rapidement sur les pillages successifs dont elle fut victime de la part des Goths d'Alaric, qui descendaient la vallée du Rhône, des Sarrasins d'Athim, qui la remontaient et des Francs de Charles-Martel, qui accouraient pour les refouler. Passons sur les événements dont elle ressentit le contre-coup, pendant la la guerre des Albigeois et celles plus récentes des catholiques et des huguenots : ce ne serait qu'une répétition de ce que nous avons dit précédemment.

Jusqu'en 1315, les évêques de Viviers, qui avaient joui de divers droits régaliens, finirent par les abandonner et par reconnaître la suprématie des rois de France. Mais ceux-ci conservèrent à la ville les libertés et franchises qu'elle possédait depuis longtemps. Ainsi, lorsqu'on procédait à l'installation d'un nouvel évêque, le prélat descendait de sa mule devant le grand portail de la cathédrale, et on lui faisait jurer, avant qu'il en franchît le seuil, de maintenir les privilèges de la ville et du chapitre.

Il existait aussi à Viviers une coutume assez bizarre, digne d'être rappelée ici.

Dans certaine fête solennelle, des hommes et et des dames de qualité jouissaient du droit d'occuper les stalles du chœur avec les chanoines, et d'y porter, les uns et les autres, des mîtres et des chapes. Cet élément laïque, mêlé aux éléments religieux, remontait à l'époque où Charles-Martel, vainqueur à Poitiers, avait partagé les bénéfices ecclésiastiques entre ses capitaines, ce dont leurs familles continuèrent à jouir.

L'église de Viviers fournit un grand nombre d'hommes distingués par leurs talents, leurs mérites, leurs vertus, entre autres deux papes à la chrétienté et plusieurs cardinaux. L'un des plus illustres fut Jean de Brogny qui, pauvre enfant de la Savoie et gardeur de pourceaux, parvint aux plus hautes dignités.

Au moment de la Révolution, à cette époque où l'on vit tant de grandeur, de folies et de crimes, le dernier évêque de Viviers abjura l'épiscopat et en déchira les insignes, en se livrant à une déclaration blasphématoire contre la religion, dont il avait été pendant longtemps l'un des plus dignes ministres.

Le plus ancien et en même temps le plus remarquable monument de Viviers est la cathédrale. Elle a reçu la visite de quelques-uns de nos rois et de plusieurs papes. Rien n'est beau comme ses arcs-boutants qui maintiennent ses voûtes élevées, ses baies ogivales si gracieuses, ses murailles noircies par les âges, et cette façade où le ciseau des tailleurs d'images semble s'être joué de toutes les difficultés de l'art ! Rien n'est imposant comme ces portails à profondes voussures, et comme son clocher qui affecte une forme mauresque !

L'artiste, l'archéologue et l'architecte peuvent faire sur ce monument un cours complet d'études spéciales, depuis le roman si pur, l'ogival si hardi, jusqu'à la Renaissance si élégante et même jusqu'à la décoration si prosaïque de nos jours...

La ville, descendue de la hauteur, s'est agrandie dans la plaine entre le rocher et le Rhône, sur la grande route du Midi et le chemin de fer, en face du nouveau pont, qui contribue à faciliter le commerce des soies, des eaux-de-vie et des huiles auquel se livrent les habitants de Viviers.

Châteauneuf-du-Pape, sur la rive gauche, à l'entrée d'une gorge resserrée, montre à tous les voyageurs une belle tour carrée et les restes de deux importantes forteresses sur lesquelles l'histoire est d'un mutisme désespérant pour le curieux. Cependant on raconte que le village occupe l'emplacement d'une ville romaine détruite par les Sarrasins.

C'est à Châteauneuf que prend naissance, dans le Rhône, une roubine ou canal d'irrigation qui, ouvert au siècle passé, porte la fertilité dans les plaines desséchées de la Drôme et de Vaucluse ; il est connu sous le nom de canal de Pierrelatte.

Au-dessous de Viviers et de Châteauneuf, notre embarcation longe les grandes îles du

Castor et de Touchelas, suivies d'autres îles de moindre importance; puis, après avoir doublé l'écueil de Malmouche, pointe de rocher tantôt à sec, tantôt recouvert par les eaux, il pénètre dans un étroit et tortueux défilé formé par le rapprochement des deux rives.

Ici, se présente un tableau d'un autre caractère et d'une beauté autrement originale que tout ce que l'on vient de voir précédemment. Le fleuve est très encaissé, très rapide surtout; le vapeur s'y engage en sifflant et file comme les hirondelles de mer, si nombreuses en ces parages; le pilote, attentif, manœuvre prudemment. C'est le fameux et redouté défilé de Donzère, si fertile en sinistres.

Quiconque n'a pas vu ce passage ne peut s'en faire une idée; la peinture la plus fidèle, la page la mieux écrite, seraient, l'une et l'autre, bien loin de la réalité. En quelques mots pleins d'humour, le président de Brosses nous apprend la frayeur qui le saisit en traversant ce défilé, où il pensa périr par la négligence du pilote « qui s'amusait dans un coin à manger des asperges. »

Ces rochers sont appelés les *Maraniousques*

ou plutôt les rochers des Singes; de nature calcaire, ils sont criblés d'une infinité de grottes, qui toutes ont une légende particulière.

Voici la plus curieuse :

Au temps du déluge, l'arche de Noé s'arrêta dans cet endroit. Un singe et une guenon, las de vivre en compagnie des autres animaux, enfermés avec eux, s'étaient enfuis de l'arche et réfugiés sur ces rochers, qui commençaient à émerger de l'eau. Ce couple donna bientôt naissance à une nombreuse famille.

Accroupis dans les anfractuosités ou sur les pointes des rochers, il n'était sortes de malices qu'ils ne fissent aux habitants du voisinage. Les embarcations qui passaient sur le fleuve étaient assaillies d'une grêle de pierres et il n'était pas rare que quelques mariniers sortissent du défilé non sans avoir été atteints par les projectiles de ces descendants des monines de l'arche de Noé.

Ce qui, sans doute, donna naissance à cette légende, ce sont les blocs qui se détachaient naturellement des rochers à l'époque des pluies, du vent et du dégel.

Voici la *Roche des Anglais*, isolée au milieu

du fleuve. Ce surnom rappelle que là, des voyageurs anglais virent leur embarcation se briser contre cet obstacle où ils périrent tous.

Naguère encore l'entrée du défilé était comme surveillée par trois grandes aiguilles de forme fantastique. Les anciens mariniers les avaient surnommées *lou Trè Damizello*. La création du chemin de fer ayant rongé leur base, elles ont disparu; les ingénieurs craignaient que les trépidations des locomotives n'amenassent leur chute au passage des trains.

Quoi qu'il en soit, sur les crêtes déchirées de ces rochers, des murailles flanquées de tours en suivent toutes les sinuosités. Au plus haut, trônent les débris d'une orgueilleuse citadelle, tout à côté d'un modeste ermitage, dit la *Beaume des Anges*, et du pavillon d'une station de l'ancienne télégraphie aérienne. Le village de Donzère est à cheval sur la grande route nationale, dans la partie méridionale de cette chaîne de rochers qui va finir dans la plaine.

La voie ferrée, qui parcourt toute la longueur de ce sauvage défilé de Donzère, est établie en encorbellements, bordés du côté du fleuve par une longue muraille qui ressemble à un rempart crénelé.

Au-delà de ce passage et par des contours multipliés, le Rhône s'étend à droite et à gauche, et ses bras divisés forment de nouveau un véritable labyrinthe, au milieu duquel les embarcations courraient risque de s'égarer et de sombrer, sans la prudence de pilotes spéciaux que l'on est forcé de prendre à bord, pour la traversée de ces endroits dangereux.

Ces pilotes sont, du reste, des gens éprouvés par une longue expérience. Ils étudient journellement l'état du fleuve capricieux, dont ils sondent les profondeurs à l'aide d'une longue perche; la couleur des eaux leur est aussi une bonne indication.

De plus, on a placé çà et là des digues et des épis submersibles, destinés à garantir les terres riveraines, à rejeter et à maintenir les eaux dans le chenal navigable. Ces digues et ces épis, on les retrouve tout le long du fleuve, et sur eux ou auprès d'eux sont fixés des bouées, des pattes-d'oie et des pieux en bois, bariolés de couleurs voyantes; jalons signalant aux mariniers les passes difficiles, la présence d'obstacles et les dangers qu'ils peuvent courir lorsque les eaux sont grosses et recouvrent ces endiguements.

Les îles Margéries sont les plus importantes du delta, qui est bientôt suivi d'un autre delta, formé par les îles de Cadazoux, de Noailles, de Bobillon, etc. Là, dans ces solitudes, existent encore de nombreuses familles de loutres. Le castor a complètement disparu depuis quelques années.

Mettant le cap tantôt à droite, tantôt à gauche, s'éloignant ou se rapprochant des digues ou des jalons, le *Gladiateur* sort enfin de cet archipel, passe devant le débouché de la Berre, et arrive en vue de Bourg-Saint-Andéol, qui apparaît sous un aspect fort agréable, dans une petite plaine verdoyante, au milieu d'arbres fruitiers, de mûriers, de vignes et de champs parfaitement cultivés.

PONTON DE BOURG-ST-ANDÉOL

184 kilomètres de Lyon

(RIVE DROITE)

Nos lecteurs ont dû remarquer combien les deux rives du Rhône, à partir de Lyon, sont riches en monuments de la civilisation romaine. Ici, des parties intactes des deux voies, des colonnes milliaires, des cippes, des autels, des tombeaux, des inscriptions funéraires ou honorifiques; là, des débris de statues, des armes, des médailles et monnaies, des amphores et quantité d'autres objets sont des témoignages manifestes de l'occupation du pays par les légions et les colonies du peuple-roi. On ne doit pas oublier que la vallée du Rhône était desservie par deux routes stratégiques et commerciales, et que, de plus, le fleuve était sillonné par les nombreuses embarcations des nautes.

Bourg-Saint-Andéol est une des villes où l'on rencontre le plus de ces débris antiques. L'un des plus curieux se trouve à une faible distance, sur les bords du ruisseau de Tournes. C'est un bas-relief sculpté sur la paroi d'un rocher et une inscription indiquant qu'il fut composé en l'honneur du culte à Mithra. Il a plus d'un mètre de largeur et de hauteur.

Bas-relief et inscription sont aujourd'hui tellement mutilés qu'on ne peut les déchiffrer qu'avec peine. Mais ils ont été décrits et relevés par le Père Eustache, barnabite de Saint-Andéol, annotés par Séguier de Nîmes et par Millin, de l'Institut de Paris. L'inscription a été traduite ainsi :

Au dieu Soleil, invincible Mithra, Maximus fils de Mannus, averti par une vision, et T. Marsius Meminus ont posé ce monument à leurs frais.

Le bas-relief représente un jeune homme sacrifiant un taureau qu'un chien mord au cou et dont un scorpion pique les génitoires; au-dessous est un serpent; en haut, sur la droite, est la figure du soleil; à gauche, celle de la lune; au-dessus de l'épaule du jeune homme est un oiseau.

Les monuments du culte à Mithra sont, comme on sait, très rares en France; aussi celui de la fontaine de Tournes est-il regardé comme fort précieux dans le monde archéologique.

L'endroit où il se trouve vaudrait à lui seul une visite du promeneur. En remontant le ruisseau de Tournes, on arrive bientôt au pied du rocher qui semble barrer le chemin. Ce rocher est percé d'une grotte, de laquelle s'épanche une source abondante qui, formant cascade, fait tourner les roues d'un moulin.

Les traditions chrétiennes rapportent que quelques pauvres pêcheurs recueillirent, à l'embouchure du ruisseau, le corps de saint Andéol qui, sur l'ordre de Septime Sévère, avait souffert le martyre sur les bords du Rhône. Cette précieuse relique fut déposée dans une simple chapelle. Plus tard, l'évêque saint Lager fit construire, en l'honneur de ce confesseur de la foi, la vaste et belle église que l'on admire aujourd'hui dans la ville de Saint-Andéol, précédemment bourgade romaine du nom de *Gentibus.*

Devant la façade de l'église on a recueilli un sarcophage antique, des pierres épigraphiques et plusieurs autres débris paraissant avoir appartenu à des monument tumulaires.

Bourg-Saint-Andéol est empreint d'un grand caractère religieux par sa cathédrale, ses églises, chapelles et couvents, dont la plupart portent encore les stigmates des guerres de religion. L'histoire et les traditions racontent les cruautés commises par le baron des Adrets pendant le temps qu'il occupa la ville et les campagnes d'alentour.

Comme Montélimar, les malins de Saint-Andéol prétendent que ce bourg est renommé par la naïveté proverbiale de ses habitants, sur le compte desquels on met nombre d'histoires plus ou moins plaisantes, plus moins croustilleuses.

En face, sur la rive gauche du Rhône, Pierrelatte est un gros village, bâti au pied d'un rocher, isolé au milieu de la plaine et apporté là par le populaire Gargantua. Un château féodal en occupait le sommet. Sa position était formidable; cependant des Adrets s'en empara, et sur ses ordres, la garnison fut précipitée du haut des remparts sur les lances de ses soldats, et la plupart des habitants massacrés.

De même que certaines communes du Dauphiné, le bourg de Pierrelatte reçut franchises et privilèges, en vertu d'une charte reproduite sur une pierre enchâssée dans la tour de l'horloge publique.

Saint-Paul-Trois-Châteaux, voisin de Pierrelatte, est renommé par la beauté des matériaux que ses carrières fournissent à la construction. Il s'en fait un grand commerce dans les contrées du Midi et même jusqu'à Lyon.

Toujours des îles divisent le lit du fleuve qui, au-dessous de Saint-Andéol et de Pierrelatte, acquiert une grande largeur. Ces îles sont bordées de hauts peupliers d'Italie et de peupliers blancs de pays, tandis que l'intérieur est couvert de prairies. Des bergers, assis sur la grève et surveillant leurs troupeaux, nous regardent passer avec curiosité, tout en s'éloignant devant la vague écumeuse produite par la marche du vapeur. Dans les endroits favorables aux pêcheurs, au débouché d'une lône ou d'une délaissée, à l'extrémité d'une digue ou d'un promontoire, sont amarrés de nombreux petits bateaux, dits *viro-souléto*, selon l'expression des riverains.

Ces *viro-souléto* sont parfaitement organisés pour la pêche. Ils sont munis d'un grand filet fixé à une roue à palettes et divisé en quatre compartiments, d'où une certaine ressemblance avec les ailes d'un moulin à vent. Cet appareil est disposé sur l'un des côtés du bateau ; et, sous l'impulsion du courant, il tourne, vire, jour et nuit. Le poisson capturé et enlevé par chacune des ailes tombe dans une poche ménagée près du moyeu de la roue, et de là dans le bachut, sans le secours de personne. Tous les matins, le pêcheur vient enlever sa récolte. C'est surtout à la remonte des aloses et des lamproies que la pêche est vraiment miraculeuse, bien que les digues, barrages et autres travaux exécutés sur le fleuve soient autant d'obstacles au passage du poisson.

Les horizons s'élargissent. A l'orient, Roche-Courbe, le Ventoux, les sommets du Diois et ceux du Haut-Dauphiné, la plupart couverts de neige, apparaissent plus distinctement ; la longue chaîne du Vivarais, le Mézenc, la Louvesc, les montagnes des Cévennes fuyent à l'occident, et, d'un côté comme de l'autre, les versants s'abaissent par degrés pour venir mourir sur les bords du Rhône.

A gauche, voici les limites de la Drôme et de Vaucluse ; à droite, celles de l'Ardèche et du Gard. Le *Gladiateur* se trouve entre les embouchures de l'Ardèche et du Louzon qui s'ouvrent à angle droit en face l'une de l'autre, et viennent verser dans le fleuve le tribut de leurs eaux.

Cette jonction forme les îles du Grand et du Petit Malatron, suivies de beaucoup d'autres encore qui s'égrènent comme un long chapelet. Elle a lieu au-dessus de la ville de Pont-Saint-Esprit, où nous relâchons quelques instants.

PONTON DE PONT-ST-ESPRIT

197 kilomètres de Lyon

(RIVE DROITE)

A l'exception d'une vieille cathédrale, l'intérieur de la ville ne possède aucun monument vraiment digne de quelque intérêt. Les rues étroites, les maisons assez mal bâties sont privées de ces détails, de ces motifs assez communs dans les vieilles cités. Voici cependant une lourde citadelle que Louis XIII fit construire pour assurer la sécurité de la ville contre les entreprises des huguenots; elle fut plusieurs fois assiégée. Déjà le pays avait été saccagé de fond en comble par les Routiers et les Tard-Venus. Antérieurement, la guerre des Albigeois lui avait été funeste. En 1360, Pont-Saint-Esprit, occupé par les Anglais, se vit contraint de payer une rançon de 4,000 écus d'or pour être délivré de cet ennemi.

Le quartier qui est sur le fleuve et forme le port est plein de mouvement. Une large montée d'escaliers à balustres part de là pour accéder à l'église; le boulevard, qui a remplacé les anciens remparts, est planté de beaux arbres et attire les promeneurs et les oisifs; il est rafraîchi par de jolies fontaines. Le pays est découvert; les campagnes fertiles et d'un bon rapport; les oliviers, qui plus haut sont malingres et clair-semés, sont à Pont-Saint-Esprit d'une belle venue et donnent des fruits en abondance.

Pont-Saint-Esprit fut le berceau du connétable de Luynes, Charles d'Albert, favori de Louis XIII et qui s'est trouvé mêlé à toutes les intrigues de cour à cette époque.

Le seul édifice qui ait valu à cette ville une réputation restée très populaire est le fameux pont jeté sur le Rhône entre le Languedoc et la Provence. Il fut construit, de l'année 1263 à l'année 1309, sous la direction de maistre Péronnet, par la confrérie des frères pontifes, dite du Saint-Esprit, circonstance qui fit changer le nom de Saint-Saturnin que portait la ville en celui de Saint-Esprit. A l'aide d'aumônes et de dons volontaires encouragés par les indulgences du pape Nicolas V, les frères pontifes purent mener à bonne fin cette œuvre remarquable. Deux énormes tours en défendaient le passage. Elles dataient du roi Philippe-le-Bel.

Très élevé au-dessus du niveau des eaux, ce pont se compose de vingt-trois arches à plein cintre, dix-neuf grandes et quatre petites. Il mesure 480 mètres de longueur et 4 mètres 35 de largeur; deux charrettes ne pouvaient donc y passer de front. Des encorbellements reposant sur les piles ont fait disparaître cet inconvénient; maintenant les voitures s'y croisent sans danger. Au milieu des piles, sur l'éperon, on remarque un évidement pour faciliter l'écoulement des eaux dans les fortes crues. Simple mesure de prévoyance!

On connaît la rapidité du fleuve en cet endroit et les naufrages survenus dans le passage du pont. Il était redouté, et l'expérience des vieux mariniers se trouvait souvent en défaut. Que de sinistres, que de pertes d'hommes et de marchandises!... On faisait, dit-on, son testament avant que d'affronter ce passage, et chacun faisait le signe de la croix et s'agenouillait en arrivant en face de la madone placée sur l'arche marinière.

Tout danger a disparu aujourd'hui, grâce à la suppression d'une pile, ce qui, de deux arches étroites, en a fait une seule très large, dont la traversée n'offre plus aucun péril à la navigation.

Cette arche est en fonte d'une seule portée; mais son établissement n'est rien moins que gracieux pour l'ensemble et la perspective du pont.

Emporté par le courant du Rhône joint à l'expansion de la vapeur, notre paquebot navigue pendant un certain temps dans d'immenses solitudes; les deux rives du fleuve sont plus ou moins basses et d'une uniformité désespérante pour le voyageur.

Montdragon et Mornas, que l'on devine à travers les hauts peupliers qui bordent la rive gauche, sont dominées par de prestigieuses ruines de châteaux et de remparts qui se dessinent sur les crêtes des collines et rappellent les luttes du Moyen-Age et de la Réforme. On raconte encore que le capitaine Dupuy-Montbrun, après avoir enlevé la ville de Mornas et massacré ses défenseurs, jeta dans le Rhône les cadavres que le courant emporta à Avignon sous les yeux des habitants épouvantés.

Ce terrible sectaire appelait ses expéditions contre les catholiques, surtout contre les monastères, faire la chasse aux merles, aux *moines*.

Une légende locale prétend qu'un évêque d'Orange, atteint d'une maladie incurable et incapable de continuer l'exercice de son ministère, se retira dans un désert nommé Saint-Loup, situé entre Mornas et Montdragon, où il bâtit un ermitage qu'il habita jusqu'à la fin de ses jours.

La navigation continue à être très difficile à travers les îles des Minimes, des bancs de graviers et des hauts-fonds, de plus en plus nombreux dans ces parages. On passe devant l'embouchure du Lez et de l'Aigues, qui descendent des derniers contreforts des Basses-Alpes; plus bas et en face sont deux autres rivières, la Cèse et l'Ardoise, qui viennent des monts Cévénols se perdre également dans le Rhône.

Codelet est un charmant petit village à la jonction de la Cèze. Au sein d'une splendide végétation, de beaux noyers et de riches coteaux vitifères, il ne possède aucun souvenir historique. Heureux villageois dont les annales sont muettes et n'ont rien à raconter à l'étranger !

Mais voici Saint-Etienne des'Sorts, en patois Saint-Estève, dont les ruines noirâtres du vieux château de la Barasque forment un tableau tout à fait Moyen-Age et du plus vif intérêt.

Tout à côté, les Aigalades ne sont que la réunion de quelques maisons où se trouve la prise d'eau, dans le fleuve, qui, par un aqueduc de 38 kilomètres de développement, va alimenter la ville de Nîmes et ses fontaines publiques.

Puis, au port de l'Ardoise, se trouve la tête de ligne de la voie ferrée du Rhône à Alais, de laquelle nous n'avons pas à signaler les péripéties qui avaient motivé l'intervention de l'Etat et sa mise sous le séquestre, jusqu'au moment de son acquisition par le P.-L.-M.

A deux kilomètres en remontant l'Ardoise,

et sur les bords de cette petite rivière, dans un endroit fertile abondamment arrosé, est assis le bourg de Loudun, ancien *Laudunum*, abréviation de Lugdunum corroborée par le nom de l'Estang que porte un territoire voisin. Le bourg est adossé à une colline de cent mètres de hauteur. Les ruines qui sont entassées sur son plateau, les armes en silex, des objets en bronze, des poteries et verroteries grossières, rappellent l'époque préhistorique et l'existence d'un oppidum gaulois; des fragments d'inscriptions romaines, de larges briques, des bas-reliefs, des mosaïques, dont les plus intéressantes ont été recueillies pour les musées de Nîmes et d'Avignon, remémorent le séjour qu'y firent les Romains; des bijoux et des ornements de style arabe et des légendes populaires témoignent du passage des Sarrasins; deux chapelles romanes du XIe siècle, une infinité de vestiges chrétiens, les populations voisines qui y viennent en dévotion évoquent le Moyen-Age et les diverses époques qui se sont succédé jusqu'à nos jours.

Ces renseignements si pleins d'intérêt, nous les tirons d'un mémoire de M. Alègre, qui en a fait le sujet d'une lecture à la Sorbonne, en 1865, et que M. le baron de Coston a eu l'obligeance de nous signaler.

Les traditions celtiques, perpétuées jusqu'à nous dans la contrée, dénotent que le culte au Soleil est encore très vivace parmi les populations villageoises. Elles affirment que chaque année, le 24 juin, jour de la fête de Saint-Jean, s'ouvre à minuit, sur la montagne, un antre profond étincelant de mille flambeaux, et d'où s'élève une chèvre d'or, *la cabra d'or*.

C'est évidemment là le symbole du soleil arrivé au solstice d'été et s'élançant radieux pour saluer le monde.

Dans cette même journée, sur l'un des versant de la colline, à la *Combe d'Enfer*, on voit errer, près des anciennes chapelles, quelques bonnes paysannes du voisinage, portant des enfants malingres qu'elles ont voués au saint patron du lieu. Après une courte prière, les mères dépouillent les enfants de leurs vêtements sordides; elles les revêtent d'un habillement nouveau, et, sans regarder les vieilles hardes, les jettent derrière elles et les abandonnent au milieu des ruines.

D'un autre côté, les savants du pays voient dans cette montagne, premier échelon du Coiron et du Mézenc, le lieu où campa César avant de traverser les monts Cévennes et d'aller mettre le siège devant Gergovie, où sa fortune devait subir un échec. C'est là le fameux camp de César, dont le souvenir survit dans le nom actuel de Saint-Pierre de Castres donné à la colline qui portait antérieurement celui de Lugdunum.

Après avoir contourné une multitude d'îles et d'îlots, le *Gladiateur* rapproche de la rive gauche et stoppe au ponton de Revestidou.

PONTON DE REVESTIDOU-ORANGE

223 kilomètres de Lyon

(RIVE GAUCHE)

Ce ponton est amarré sur un rivage désert, au débouché d'un ancien bras du Rhône, aujourd'hui abandonné par la navigation. De ce fait, la petite ville de Caderousse, qui se trouve à deux kilomètres en amont, a perdu toute importance commerciale. Mais une bonne route la relie à l'intérieur des départements de la Drôme et de Vaucluse. A l'heure du passage des vapeurs, il y a toujours, au ponton de Revestidou, quantité de charettes qui apportent des marchandises à embarquer ou qui emportent celles que l'on vient de débarquer.

Le choix d'un pareil endroit peut s'expliquer par l'inconstance du fleuve, qui nécessite le changement de place du ponton, tantôt plus en amont, tantôt plus en aval.

Le ponton de Revestidou semble avoir le monopole d'être un entrepôt général de balais et balayettes, fort bien confectionnés d'ailleurs, et d'expédier cette vulgaire marchandise dans toutes les directions. Le jonc qui sert à sa confection donne lieu à l'une des plus fructueuses récoltes du pays. C'est une plante vulgairement appelée *cannisse*, paille à balais, panache à millet, espèce de sorgho, dont les branches supérieures sont flexibles et résistantes tout à la fois. La population entière vit de la culture, de la fabrication et du commerce de ce jonc, indispensable à tous les ménages et à tant d'usages domestiques. De plus, des petits grains que porte cette plante, on extrait une huile appelée *huile de pays*, laquelle, après avoir été mélangée avec d'autres huiles et divers autres éléments, est avantageusement employée dans une foule d'industries.

Le nom de Revestidou est un mot emprunté aux mariniers du bas Rhône et au patois du pays. Il exprime l'idée d'un remous occasionné par un courant rapide, une meuille, un retour, un revirement d'eau, conséquemment une passe difficile, dangereuse, une véritable *Mort qui trompe*. En effet, l'impétuosité du fleuve fait refluer les eaux dans la partie inférieure du bras de Caderousse, tout comme dans nos lônes de Pierre-Bénite et d'ailleurs.

Quand le grand Rhône passait à Caderousse, telle était la vitesse de son cours, que l'on se vit obligé d'y établir un treuil pour revestir, pour remonter les bateaux.

Contrairement à sa direction générale, qui est au midi, le fleuve, dans cette partie, coule de l'ouest à l'est, en formant les îles de Codelet et de la Pibolette. L'île de la Pibolette, en avant de la ville de Caderousse, mesure six kilomètres de long sur presque autant de large; elle contient des fermes et de fort bonnes terres arables, et appartient en entier à l'ancienne famille de Gramont-Caderousse.

La ville d'Orange, desservie par le ponton de Revestidou, à une heure environ de là, se développe au milieu d'une plaine, riche aussi de tous les dons de la nature. Elle se montre à l'esprit escortée de son antiquité et de ses monuments élevés à la gloire du nom romain.

Voici son Arc de Triomphe édifié en souvenir de la victoire que Marius remporta sur les Cimbres et les Teutons. Voici son Théâtre, dont l'hémicycle, garni encore de ses gradins, peut contenir plus de 10,000 spectateurs. La façade surtout est très bien conservée.

Les solennités artistiques qui eurent lieu à ce théâtre, en 1886 et 1888, et où l'on entendit successivement l'*Empereur d'Arles* et *Œdipe-Roi*, amenèrent à Orange de nombreux curieux accourus du Comtat et de la Provence, de Lyon et même de Paris, viennent de lui donner un regain de réputation et de popularité.

Outre ces superbes monuments dont les sculptures et les lignes architecturales excitent l'admiration générale, Orange possédait un hippodrome, un forum, un capitole, des bains, en un mot tout ce qui pouvait donner du lustre à cette cité, une des plus belles de la Gaule romaine. Elle avait été assignée pour résidence au dépôt de la deuxième légion.

Dans le cours des siècles, Orange passa successivement à trois puissantes maisons : celle des Baux, celle de Chalon et celle de Nassau. Louis XIV s'en empara et la réunit à la couronne de France. Mais les Nassau continuèrent à en porter les armes et le titre. La statue d'un Raimbaud d'Orange orne la place de la Mairie.

Notre ancien directeur du musée et de l'école des Beaux-Arts de Lyon, Joseph-François Artaud, ayant pris sa retraite en 1830, vint se fixer à Orange, sa ville natale, où il se fit construire une maison à proximité de l'Arc-de-Triomphe. Il voulait avoir sans cesse sous les yeux l'un des plus beaux monuments de la civilisation romaine en nos contrées. Il y mourut en 1838, léguant à la ville une somme de vingt mille francs pour la création d'un musée des Antiques.

Le *Gladiateur* franchit rapidement la distance qui sépare le Revestidou du port de Montfaucon.

PONTON DE MONTFAUCON-ROQUEMAURE

225 kilomètres de Lyon

(RIVE DROITE)

Montfaucon est un très petit village qui doit à son port, d'un abordage facile et à sa proximité de Roquemaure, l'avantage de posséder un ponton. Et sans les ruines pittoresques d'un antique château, les artistes passeraient indifférents. Mais toutes curieuses soient-elles, elles sont loin de présenter le même intérêt que celles de Roquemaure, bourg voisin situé, lui aussi, sur les bords du Rhône.

Au sommet d'une montagne abrupte se dressent les murailles noirâtres et le donjon crénelé d'un palais-forteresse qui dépendait de la cour d'Avignon ; à côté et séparé par un profond ravin, un cône rocheux sert d'assise à une superbe tour carrée, poste avancé de la forteresse.

Ce palais, nommé le Château du Roi, fut témoin d'un événement des plus dramatiques arrivé dans les premières années du XIV° siècle.

Le pape Clément V, qui avait présidé le concile de Vienne où furent prononcées l'abolition de l'ordre des Templiers et la condamnation du Grand-Maître à être brûlé vif, s'arrêta au château de Roquemaure, l'esprit tourmenté, obsédé, de la prédiction que, du haut du bûcher, le Grand-Maitre lui avait faite que lui-même comparaîtrait devant le tribunal de Dieu avant que quarante jours se fussent écoulés. En effet, il mourut cette nuit-là même, le 20 avril 1314.

Cette mort, dit un contemporain, eut en outre ceci de remarquable que, à peine le pape fermait-il les yeux, ses domestiques avides pillèrent ses bagages avec une rapacité telle qu'ils ne s'aperçurent pas du feu occasionné par une torche tombée par mégarde. Ils n'éteignirent ce petit incendie que lorsque le corps du pape fut à moitié consumé.

Les nouveaux quartiers de Roquemaure s'étendent sur le quai, aux abords du pont où passe la route qui se dirige sur la ville d'Orange.

Resserré encore dans sa ceinture de remparts, le vieux bourg, aux masures accrochées aux flancs de la montagne, présente un dédale de ruelles et de passages étroits, tortueux, où suintent la misère et la malpropreté, et dont la plupart ne sont accessibles que par de mauvais escaliers taillés dans le roc.

Les rares habitants, occupés à différents petits métiers, ont conservé les usages, le costume et jusqu'au parler des anciens.

Impossible de rencontrer un ensemble et des détails plus pittoresques, plus imprévus, que dans le vieux bourg de Roquemaure. Un artiste pourrait y passer des journées entières à enrichir son album de ces curieuses reproductions. C'est encore là un de ces bourgs aussi intéressants à visiter que ceux que nous avons signalés depuis notre départ de Lyon.

Les savants stratégistes du pays donnent mille et mille raisons pour prouver qu'Annibal et son armée n'ont pu franchir le Rhône qu'à Roquemaure et non ailleurs; n'ayons garde de les contredire ni de les suivre à travers toutes leurs hypothèses !...

D'autre part, ces braves gens ne manquent pas non plus de montrer aux étrangers un petit coteau, Verlieux, qui donne des vins blancs estimés, et tellement estimés, qu'on les réserve exclusivement pour le service divin aux diverses églises du canton, et sans doute aussi pour le service tout particulier des ministres du culte.

En face de Roquemaure, une haute et vieille tour semble postée là comme pour surveiller le cours du fleuve. C'est la tour de l'Hers ou de Bel-Air. Plus loin, on aperçoit une chapelle en ruines et un manoir fort délabré qui, cependant, fut autrefois renommé par sa magnificence, et où rien de ce qui pouvait contribuer à rendre l'existence agréable n'avait été épargné.

C'est Châteauneuf-du-Pape, résidence d'été des pontifes, alors qu'ils avaient fait d'Avignon la capitale du monde catholique.

PONTON D'AVIGNON

245 kilomètres de Lyon

(RIVE GAUCHE)

Le paquebot côtoie les îles de l'Hers et d'Oiselet, et laisse sur la gauche l'embouchure de la Sorgues, qui prend naissance à la fontaine de Vaucluse. Il rencontre une infinité d'îles et manœuvre à travers les sinuosités du fleuve si capricieux, lorsque tout à coup un cri d'admiration est poussé par les voyageurs devant le spectacle grandiose qui, à un détour du Rhône, se présente aux yeux de tous.

On a devant soi un ensemble confus de monuments, d'où une masse colossale semble s'élancer vers le ciel. C'est Avignon qui apparaît au sein d'un splendide paysage illuminé par les rayons chaudement colorés d'un de ces soleils couchants que l'on ne peut trouver que dans le midi de la France.

Les lorgnettes sont braquées, chacun s'adresse mutuellement des questions... Attendez : plusieurs kilomètres nous séparent encore du terme du voyage. Les détours du fleuve sont multipliés ; ils semblent revenir sur eux-mêmes et se jouer de notre impatience. Ses diverses branches se réunissent enfin dans un lit commun, mais pour se diviser encore en deux bras principaux : le Grand-Rhône à l'ouest et le Petit-Rhône à à l'est, qui tous deux enserrent dans leur replis l'île importante de la Barthelasse.

De la pointe nord de l'île commencent alors à se dessiner plus nettement les détails du tableau : le rocher des Doms, les hautes tours du palais des Papes, les clochers de la cathédrale et de nombreuses églises, les remparts crénelés qui enferment la ville, les portes à machicoulis qui les coupent en divers endroits, un fragment du fameux pont qui ne va pas à la moitié du Rhône et le pont moderne qui conduit à Villeneuve-lès-Avignon, dont les édifices contribuent aussi, pour leur part, à rendre ce tableau sans pareil.

Le palais des Papes est le point capital. A la vue de ces tours et de ces créneaux, quelques vieux voyageurs se rappellent le refrain de cette romance, qui eut jadis un si grand succès.

> Passez, gais bateliers, sans regarder ces grilles;
> Sans frapper au castel, passez, beaux troubadours;
> Mais n'allez pas mêler, rieuses jeunes filles,
> Aux larmes des captifs, le chant de vos amours.

On sera peut-être curieux de connaître le nom de l'auteur et celui du compositeur de cette œuvre agréable, sans doute oubliés de nos jours.

Vers 1830, un jeune officier en garnison à Avignon, M. Eugène Gola, avait remarqué un chanteur de café pour l'originalité de sa musique et le charme de sa voix. Sachant que paroles et musique étaient de la composition de l'artiste ambulant, l'officier l'en félicita.

Merle, plus connu sous le sobriquet de *Bossu d'Avignon*, allait, comme les vieux rapsodes d'Homère, chanter dans les villes voisines; il allait même jusqu'à Beaucaire, où il s'installait pendant la durée de la foire.

Notre artiste se plaignit à notre officier de ne pas avoir des paroles assez belles, assez poétiques, pour marcher de pair avec son inspiration. Celui-ci composa alors, entre autres romances, le *Palais des Papes*, qui, mise en musique, valut une grande réputation au poète ainsi qu'au musicien.

Le *Gladiateur* ralentit sa marche ; la cloche et la sirène annoncent son arrivée ; il va se ranger le long du quai, en face des pontons, après un heureux voyage de douze heures pendant lesquelles nous avions vu se dérouler sous nos yeux un panorama mouvant comme celui dont nous avons parlé en partant de Lyon.

Entreprendre l'histoire d'une ville comme Avignon dépasserait le but que nous avons visé dans cet ouvrage. Ce serait remonter aux premiers siècles de la civilisation et faire l'histoire du midi de la Gaule et des colonies grecques qui, de bonne heure, vinrent établir leurs comptoirs sur les rives de la Méditerranée et sur le cours de notre Rhône. Il nous faudrait parler de la conquête romaine et des invasions des Barbares qui, pendant plusieurs siècles, parurent et disparurent tour à tour ; puis des premiers missionnaires, porteurs de la parole du Christ et dont le martyre fit éclore une civilisation nouvelle. Il faudrait rappeler la prise d'Avignon par les Burgondes de Gondebaud et par les Sarrasins d'Athim ; sa destruction par les Francs de Charles-Martel ; la dissolulution du grand empire carlovingien et la lutte de seigneurs à seigneurs aux temps de la féodalité ; rappeler aussi l'érection d'Avignon en république, son alliance avec les comtes de Provence, les comtes de Toulouse et les Albigeois ; sa résistance à Simon de Montfort et le siège qu'elle soutint contre le roi Louis VIII qui la ruina de fond en comble ; puis mettre sous les yeux du lecteur les causes multiples qui forcèrent les papes à abandonner et Rome et l'Italie bouleversées, soit par l'ambition des empereurs d'Allemagne, soit par la haine réciproque des Guelfes et des Gibelins, et à venir se fixer à Avignon sous la protection immédiate des rois de France.

Or, nous ne pouvons que mentionner brièvement le séjour des souverains pontifes dans cette ville, qui devint dès lors si brillante et si célèbre par son université et ses écoles, par ses légats et ses cardinaux, par les visites qu'y firent les empereurs et les rois, par la présence de leurs ambassadeurs, par ses grands personnages, ses poètes, ses artistes et les richesses qui y affluèrent de toutes les parties du monde...

Quelques mots aussi sur les événements qui ramenèrent Avignon et le comtat Venaissin dans la grande famille française, en 1791. De même encore sur les massacres de la *Terreur Rouge* et les assassinats de la *Terreur Blanche* qui, l'une et l'autre, eurent pour principaux coryphées les Jourdan-Coupe-Têtes et ses bandes d'égorgeurs: Baudon, Trestaillon et les assassins du maréchal Brune, qui traînèrent son cadavre dans les rues de la ville jusque sur le Pont-Rouge, d'où ils le précipitèrent dans le Rhône...

Tenons-nous donc à la partie descriptive des principaux monuments qui font d'Avignon une des villes les plus intéressantes de nos provinces méridionales.

Au sein d'une contrée prédestinée, sous un ciel délicieux et sur les bords d'un magnifique cours d'eau, surgit un rocher appelé le rocher des Doms. Abrupt du côté du fleuve qu'il domine d'une hauteur de 50 mètres environ, il finit en pente douce dans l'intérieur de la ville.

Sur ses premières rampes s'élève le superbe palais connu sous le nom de château des Papes. Il occupe l'emplacement d'une vieille forteresse féodale. Ce palais fut commencé par le pape Jean XXII, en 1316, et terminé par ses successeurs en 1364. Après la rentrée à Rome des souverains pontifes, il servit de résidence à leurs légats ou vice-légats, jusqu'au moment de la Révolution ; puis, délaissé pendant quelques années, il est de nos jours transformé en caserne.

Construit sur les plans de Pierre Obieri, il se compose de plusieurs bâtiments irréguliers, sombres, imposants, dont la plupart paraissent en ruines. Des sept tours qu'il avait à l'origine et dont la plus importante, la tour du Trouillas, renfermait les prisons, il en reste encore six d'une grande hauteur. La principale façade est remarquable par de longues et larges ogives formant arcatures sur la muraille en retrait. On y voit des couronnes de machicoulis, des balcons crénelés, des portes profondes avec des herses en fer.

L'intérieur a subi de nombreux changements motivés par sa nouvelle destination ; la salle des Gardes est aujourd'hui une cuisine ; la chapelle haute a été divisée en trois étages pour servir de chambrées à nos soldats. Qu'est devenue la fameuse salle du Consistoire, qui était ornée de fresques par Simon Memmi, et la merveilleuse chapelle du Saint-Office décorée par Cimabué et le Giotto ? Le bruit du tambour et du clairon a remplacé le chant des hymnes pieuses et des fêtes religieuses ; le pantalon rouge et le képi de nos troupiers se montrent là où l'on voyait autrefois la robe blanche des pontifes et le manteau violet des archevêques.

L'étude raisonnée de cet antique édifice, rare échantillon de l'architecture militaire, civile et religieuse du XIV° siècle, est des plus instructives par tout ce que l'on y découvre encore et dont la description ne peut, on le comprend, trouver place que dans une monographie spéciale. Toutefois, nous croyons devoir prémunir le touriste contre les racontars de ceux qui lui serviront de guides : on lui montrera la prétendue salle de l'Inquisition, les prisons, les cachots, les oubliettes, la salle des tortures et le four où le bourreau faisait rougir les instruments de supplice; toutes choses interprétées pour le besoin de la cause, pour exciter la curiosité du visiteur et provoquer un bon pourboire.

Sous le second Empire, époque où l'on sauva d'une ruine fatale plusieurs églises, châteaux et autres monuments remarquables du Moyen-Age, on eut l'heureuse pensée d'entreprendre la restauration de cet édifice; mais les plans proposés par Viollet-Leduc n'ont pu être exécutés.

Au-dessus du palais et sur un méplat du rocher, existe une superbe et vénérable église, Notre-Dame-des-Doms, où l'on voyait auparavant une chapelle de la sainte Vierge fondée, dit la légende, par sainte Marthe elle-même, sur les ruines d'un temple païen consacré à Hercule. Sous Constantin, l'humble oratoire fut remplacé par une somptueuse basilique, qui fut dévastée par les Sarrasins, restaurée par Charlemagne, saccagée de nouveau par Louis VIII et complètement reconstruite sous les souverains pontifes.

On parvient à cette basilique par l'escalier du *Pater*, nommé ainsi parce qu'il compte autant de marches qu'il y a de mots dans le *Pater noster*. Elle renferme les tombeaux de plusieurs pontifes, entre autres ceux de Jean XXII et de Benoît XII, chefs-d'œuvre de sculpture. On y voit aussi le siège archiépiscopal, autrefois le trône des papes qui ont habité la ville d'Avignon. C'est un morceau artistique du plus grand mérite. De même le tombeau de Crillon, qui y fut transféré de l'ancienne église des Cordeliers. Fresques, tableaux, statues, ornements qui contribuaient à faire de ce lieu comme un musée du plus haut intérêt, témoignent par leur mutilation de la folie et de l'aveuglement de certains hommes.

Cette vénérable église est devenue la cathédrale d'Avignon, et son magnifique clocher supporte la statue colossale de Notre-Dame-des-Doms.

Devant sa façade, est ménagée une terrasse bordée d'une balustrade d'où les papes donnaient chaque jour leur bénédiction à la ville et au monde : *urbi et orbi*. On y voit actuellement un calvaire monumental.

Du centre même de la ville, on accède sur ce rocher, soit par de belles et larges rampes d'escaliers, soit par une route aux pentes adoucies par des lacets, ce qui permet aux voitures de la parcourir facilement. Le point le plus élevé est terminé par un rocher factice et un belvédère d'où le touriste peut embrasser dans leur ensemble les monuments et les remparts de la ville, la vue des Alpes et des Cévennes, celle d'une immense plaine arrosée par le Rhône et les nombreuses dérivations de la Sorgues; et, sur la rive opposée du fleuve, Villeneuve-lès-Avignon que, elle aussi, nous décrirons bientôt.

Le sommet du rocher était aride et désolé, on n'y voyait naguère encore qu'une vieille croix de pierre, des moulins à vent et la tour d'un télégraphe aérien. Grâce à des travaux d'arasement, à de la terre rapportée et à un réservoir alimenté par les eaux de la Sorgues conduites à cette hauteur au moyen d'une puissante machine refoulante, ce sommet est embelli de verdure et de fleurs de toute nature, des squares s'y développent capricieusement et offrent d'agréables promenades. Diverses espèces d'arbres y montrent des tons fort variés, depuis le vert foncé des cyprès, des pins et des thuyas, jusqu'au pâle feuillage de l'olivier, du tamarin et de l'eucalyptus.

Au milieu d'un de ces parterres est érigée la statue du persan Jean Althen qui, en 1766 et au péril de sa vie, importa et vulgarisa la garance, dont la culture fit longtemps la fortune du Comtat et du midi de la France. Elle est du sculpteur Brion.

Après le palais des Papes et l'église de Notre-Dame-des-Doms, ce qui frappe le plus spécialement l'étranger, c'est sans contredit la ceinture des remparts qui enveloppent la ville dans un contour ovale de cinq kilomètres de développement.

Cette superbe ceinture, toute en pierre de taille, qui a remplacé les remparts gallo-romains et les remparts burgondes, est classée parmi les monuments, historiques de France; l'Etat, le département et la commune concourent à son entretien et à sa conservation.

Elle fut entreprise et terminée par les papes, sous la direction de Pierre Obieri et de Hernandès Hérédia, chevalier du Temple et gentilhomme portugais. Un chemin de ronde, bordé d'une ligne de créneaux, la dessert dans tout son parcours. Elle est percée de sept portes à meurtrières, barbacanes et machicoulis ; et chacune d'elles est renforcée par une épaisse tour carrée, dite Châtelet. D'autres tours en saillie, au nombre de trente-neuf, surveillent les courtines.

Un fossé alimenté par les eaux de la Sorgues défendait l'approche des murailles. La plus grande partie est aujourd'hui comblée.

La vue de ces remparts fait songer à l'une de ces villes orientales que l'on rencontre encore en Perse et en Egypte.

Avignon, qui doit son agrandissement, son importance et ses richesses au séjour des papes et à leur cour, une des plus brillantes et des plus policées de l'Europe, au XIVe siècle, était naturellement destinée à recevoir un grand nombre d'établissements religieux, églises, chapelles, couvents, monastères, confréries, séminaires, hôpitaux, commanderies, le tout surmonté de clochers et clochetons dont le carillon de leurs sept cents cloches valut à Avignon le surnom de *Ville-Sonnante*, comme il plut à Rabelais de la baptiser dans l'un de ses moments de verve satirique.

Si Rabelais nous donne ce détail, Pétrarque nous en apprend un autre : Veut-on savoir, dit le poète, pourquoi les papes et les cardinaux hésitaient à retourner à Rome ? C'est que l'Italie ne produit pas les vins de France, surtout ceux de Bourgogne et des Côtes-du-Rhône !

Dans l'église des Cordeliers, on voyait autrefois le tombeau de la belle et spirituelle Laure de Sade, que ses charmes et les vers de Pétrarque ont fait passer à la postérité.

Ce tombeau fut détruit sous la Révolution. Plus tard, un Anglais fit élever un cippe pour en marquer la place. Le cippe a été transporté au musée Calvet où on le voit aujourd'hui.

Un élégant hôtel Louis XV, l'hôtel de Varenne, situé dans la rue Joseph-Vernet, renferme les collections artistiques et littéraires que le docteur Calvet avait rassemblées, et que, en 1810, il légua à sa ville natale. Depuis cette époque, ces collections ont été complétées par des dons particuliers et des acquisitions faites au moyen de revenus provenant d'un capital institué par le fondateur lui-même. Ce musée est un des plus riches de province, autant par la rareté que par la variété des échantillons qui le composent. Des vitrines contiennent de précieux objets artistiques de toute nature et de toute époque; un riche médaillier renferme 25,000 pièces de monnaies anciennes et modernes.

La bibliothèque compte près de 100,000 volumes manuscrits ou imprimés; quelques-uns d'une grande valeur. Les galeries de tableaux et de gravures sont riches en œuvres de toutes les écoles, depuis le XIVe siècle jusqu'à l'époque actuelle.

Une de ces galeries est exclusivement ménagée à la gloire des Vernet, originaires d'Avignon. On y voit la magnifique collection des esquisses originales de Joseph Vernet représentant les ports de France et qui lui ont servi à composer cette série de tableaux de marine que l'on admire au musée de Versailles. Il s'y trouve quelques bonnes toiles de son fils Carle et le célèbre *Mazeppa* de son petit-fils Horace. Puis comme complément de cette œuvre collective, son arrière petit-fils, Paul Delaroche, y est aussi représenté. N'est-ce pas là une brillante chronologie de cette famille où le talent est héréditaire?...

Ajoutons que le morceau capital, que la perle de ces diverses collections que nous venons d'énumérer est, sans contredit, le Christ en ivoire, chef-d'œuvre du sculpteur Jean Guillermin, natif de Lyon. Il est placé sous un globe de verre, ce qui permet de l'examiner sous toutes ses faces et le met à l'abri de toute indiscrétion de la part des curieux.

Ce crucifix est réputé le plus beau que l'on connaisse dans le monde des arts; il appartenait à l'ancienne chapelle des Pénitents de la Miséricorde, dits les Pénitents noirs d'Avignon, Sauvé d'une perte certaine à l'époque de la Révolution, il fut plus tard restitué à cette chapelle, d'où il a été, en 1858, transporté au Musée de la ville.

La plupart des itinéraires et des guides de voyageurs à Avignon, des ouvrages historiques sur cette ville et des traditions populaires, rapportent divers récits sur son origine. La croyance la plus accréditée, c'est que Jean Guillermin, pour sauver la vie à son neveu, condamné pour meurtre commis dans une nuit de débauche, appliqua tout son talent à la confection de cette merveille et l'offrit aux Pénitents en échange de la grâce de son malheureux parent.

On sait que les Pénitents étaient chargés de visiter les prisonniers dans leur cachot, d'accompagner les condamnés jusqu'au pied de la potence, de leur donner toutes les consolations spirituelles et de leur procurer une sépulture décente. En retour, cette confrérie avait reçu du pape le privilège de délivrer chaque année un condamné le jour de la fête de la Décollation de saint Jean-Baptiste, patron de la confrérie.

Les Pénitents s'empressèrent d'accepter le crucifix et d'user de leur droit de grâce en faveur du neveu de Jean Guillermin, heureux d'acquérir, sans bourse délier, une œuvre d'art aussi parfaite et qui répondait si bien à l'esprit charitable de leur institution.

On peut voir au Musée d'Avignon un tableau rappelant cette légende. Cette toile n'est pas sans mérite. La potence est dressée sur une place publique, la foule s'écarte pour livrer passage à un malheureux chargé de chaînes et soutenu par les Pénitents, lorsque tout à coup se précipite Jean Guillermin, son Christ à la main, qui arrête le funèbre cortège.

Telle est, disons-nous, la légende qui a le

plus cours sur l'origine du Christ d'ivoire.

Mais des documents historiques ont fait évanouir cette fiction de l'imagination populaire. M. Achard, archiviste de Vaucluse, a tiré du registre des délibérations de la confrérie, en 1659, la preuve que ce crucifix fut commandé à *Jehan Guillermin, de passage en ceste ville, exellant sculteur estranger qui travaille merveillement bien en yvoire et surtout en figure de crucifix.*

Ce travail fut trouvé si parfait que les plus grands honneurs lui furent rendus. L'archevêque vint le bénir en grande pompe et la foule enthousiaste ne cessa d'accourir pendant huit jours pour le contempler à genoux, ne se pouvant *saouler*, disent les écrivains de l'époque, de voir et d'admirer cette grande merveille d'Avignon et de la Provence.

Au sujet de cette œuvre d'art, nous ferons observer qu'à Lyon, existe un autre Christ considéré comme égal, sinon supérieur, à celui d'Avignon. De moins grande dimension, il est en buis, signé *Jehan Guillermin*, et appartient à l'un des amateurs les plus zélés de notre ville, M. Emile Waldmann. Il le tient religieusement enfermé dans un écrin et l'exhibe avec amour et fierté aux yeux des gens qu'il juge dignes d'une semblable faveur.

Un très intéressant Mémoire relatif à ce chef-d'œuvre a été communiqué, en 1884, à l'Académie de Lyon par M. l'abbé Guinand, le savant professeur d'hébreu au lycée de notre ville.

Dans la cour du musée d'Avignon, on a recueilli un certain nombre d'antiquités : pierres épigraphiques, tombeaux, cippes, vases, colonnes, mosaïques, ornements d'architecture et de sculpture provenant de monuments romains trouvés dans la contrée.

Avignon possède un autre musée : le musée Requien, riche en collections appartenant exclusivement à l'Histoire naturelle.

L'intérieur de la ville est encore sillonné de vieilles rues étroites ; beaucoup sont propres et rafraîchies par un ruisseau d'eau courante. Le quartier central a été, comme dans la plupart de nos autres cités, entièrement remanié.

La place de l'Horloge, la plus vaste d'Avignon, en même temps que la plus intéressante, est remarquable par le nouvel Hôtel-de-Ville bâti sur l'emplacement du palais du cardinal

Colonne, qui y donna un logement à Pétrarque. Ce palais servit de maison commune jusqu'à la construction de l'édifice actuel. On lui a conservé sa tour du beffroi, cantonnée de quatre pyramidions, précieux restes d'une architecture originale et bien faite pour satisfaire la curiosité des artistes et des voyageurs.

La sonnerie de l'Horloge donne l'heure aux habitants et carillonnait jadis pour l'élection des consuls. La flèche est surmontée du légendaire Jacquemard et de sa femme, lesquels, armés chacun d'un marteau, frappent à tour de rôle les cloches de l'horloge aux heures, aux demies et aux quarts, et tout cela sur un mode particulier.

L'effet de ce groupe est grotesque, mais empreint d'une certaine originalité. C'est, du reste, un monument historique, qui rappelle les privilèges accordés à l'ancienne municipalité d'Avignon.

Tout à côté est le nouveau théâtre, d'un style charmant et gracieux à la fois; la préfecture et l'archevéché, puis çà et là de belles maisons particulières, occupées par de riches magasins et de somptueux cafés-concerts.

Voici au centre de la place la statue du duc de Crillon, immortalisé par Henri IV, qui lui donna le surnom de *Brave*. C'est l'œuvre du sculpteur Véray.

L'ancienne rue Pétrarque, aujourd'hui cours de la République, plantée d'une double rangée d'arbres, part de la place et se prolonge, à travers la ville, jusqu'à la gare du chemin de fer.

Là, aussi, le long de ce cours, on trouve de nombreux cafés-concerts et des jardins publics ornés de girandoles, de lanternes vénitiennes et de longues oriflammes aux couleurs variées. Là, aussi, on fait de la musique, on chante, on danse. En Avignon, répéterons-nous, commence le pays du gai-sçavoir, des troubadours et des farandoles dansées au son du tambourin et du galoubet. N'est-ce pas le pays des Aubanel, des Mistral et des Roumanille?

En face de la gare est placée la statue de Philippe de Girard, inventeur d'une nouvelle machine pour la filature du lin.

Les quais, les boulevards et les ports sont spacieux et commodes. Toutes les églises sont à visiter et offrent de curieux spécimens de la plupart des styles qui ont contribué à donner à notre architecture tant de beautés variées.

Çà et là on trouve d'intéressants vestiges du Moyen-Age et de la Renaissance : Une grosse tour et plusieurs bâtiments voisins appartenaient à une commanderie de Saint-Jean de Jérusalem ; l'ancien couvent des Célestins, où se trouvaient le noviciat des jésuites et le séminaire Saint-Charles, devint une succursale des Invalides de Paris. Depuis la suppression de celle-ci, il fut transformé en un hospice pour les vieillards et les aliénés, dans lequel on voit de vastes et beaux jardins, et une chapelle dédiée à saint Louis. Dans cette chapelle se trouvent les tombeaux des anciens gouverneurs de la succursale, entre autres celui du colonel Fugière, dit *la Jambe de bois*, et celui du comte de Villehume, époux de l'héroïque demoiselle de Sombreuil, qui, pour chercher à sauver la vie de son père, ne craignit pas de boire un verre du sang de ce vieillard qui fut néanmoins massacré, le 2 septembre, dans la prison de l'Abbaye, à Paris.

On y voit aussi le fragment d'une peinture attribuée à René d'Anjou, auquel son amour pour les lettres et les arts valut le surnom de *bon roi*. Lacérée sous la Révolution, cette peinture ne présente plus que des traces trop faibles pour permettre d'en rétablir le sujet. Heureusement, il nous a été conservé par le président de Brosses, qui passa à Avignon, en 1747. « Ce tableau, dit-il, représentait la maîtresse du roi. Cette femme étant venue à mourir, dans son affliction, au bout de quelques jours, le roi fit ouvrir son tombeau pour la revoir encore. Mais il fut si frappé de l'état affreux de ce cadavre, que son imagination s'échauffant de nouveau, il la peignit. C'est un grand squelette debout, à moitié couvert d'un suaire, dont les vers rongent le corps défiguré; sa bière est ouverte, appuyée debout contre une croix de cimetière et est pleine de toiles d'araignées fort bien imitées... Au diable soit l'animal qui, de toutes les attitudes où il pouvait peindre sa maîtresse, en a choisi une d'un si horrible spectacle, » termine le peu respectueux écrivain.

Un édifice très lourd de lignes et de forme, à l'aspect claustral et à l'étrange ornementation de sa façade principale, est l'ancien hôtel des Monnaies, affecté naguère à une caserne de gendarmerie et aujourd'hui à un Conservatoire de musique. On prétend que cet édifice fut construit d'après les plans et dessins de Michel-Ange.

L'église Saint-Agricol renferme le tombeau de Mignard, l'un de nos plus gracieux peintres français, dont le nom, prédestiné, semble avoir été donné à sa manière de faire.

Dans la rue Calade, existe une maison de fort simple apparence. Napoléon Bonaparte y logea en 1792, alors qu'il était sous-lieutenant d'artillerie dans l'armée du général Carteaux qui opérait contre les rebelles du Midi.

Outre ces vieux édifices, on voit encore dans certains coins de rues, à l'angle de quelques vieilles maisons, des niches et des dais gothiques abritant des statues de saints, particulièrement de la vierge Marie et de l'enfant Jésus.

Il nous reste maintenant à parler du pont, du fameux pont d'Avignon.

Il fut commencé en 1179 et terminé en 1185. Sa longueur totale, divisée en vingt-cinq arches, était de 649 mètres. Il partait du rempart ouest de la ville, en face du rocher des Doms, traversait le Petit-Rhône, l'île de la Barthelasse et le Grand-Rhône, et aboutissait à Villeneuve. L'entrée du pont était défendue par une grosse tour se reliant à la forteresse. Sur la rive droite et au débouché du pont, se trouvait une autre tour, la tour de Philippe-le-Bel.

Comme le pont Saint-Esprit et la plupart des ponts du Moyen-Age, il formait un coude en amont, de manière à présenter plus de résistance au courant du fleuve. Ses vingt-cinq arches étaient légèrement exhaussées et supportées par des piles massives qui affectaient un avant-bec très-aigu. De petites ouvertures étaient, comme dans les ponts romains, pratiquées dans les tympans, au-dessus des piles, pour faciliter l'écoulement des fortes eaux. Chaque arche était formée de quatre arceaux juxtaposés, qui constituaient une voûte unique d'une largeur totale de cinq mètres.

Ce mode de construction fut employé pour donner, sans doute, plus de solidité aux arches dans le cas où un affaissement s'y serait produit et aurait pu amener la ruine totale de l'édifice.

Sur la troisième pile s'élève une chapelle qui a tout le caractère architectural du palais des Papes. Devant cette chapelle on voyait autrefois la statue de saint Nicolas, patron des mariniers.

La construction du pont est due à la corporation ou confrérie des frères pontifes, qui avait alors pour chef le frère Bénézet, simple berger que quelques chroniqueurs font naître au hameau d'Alvillard, en Vivarais. Elle fut favorisée par les comtes de Provence et de Toulouse, par les seigneurs du Languedoc et du Vivarais, et par les aumônes affluant à la suite des indulgences accordées par les papes à tout ceux qui participeraient à cette œuvre. Les possesseurs des fiefs situés le long du Rhône abandonnèrent à la confrérie les péages qu'ils prélevaient sur le fleuve.

Bénézet fut canonisé par le pape Innocent IV pour avoir mené à bonne fin, avec l'aide de Dieu, l'établissement de ce travail gigantesque; il fut inhumé dans la chapelle qui porte son nom. Il y resta jusqu'à l'année 1669, époque où, à l'exception des trois arches et demie, restées intactes du côté d'Avignon, le pont fut emporté par une terrible inondation qui suivit de près un formidable amoncellement de glaces. Craignant aussi la ruine de la chapelle, on en retira le corps du saint, et l'on fut surpris que, après cinq cents ans de sépulture, ces vénérables restes ne paraissaient avoir subi aucune altération.

Ils furent transférés dans l'église de l'Hôpital, puis dans la chapelle des Célestins, puis ensuite dans l'église de Saint-Didier; mais les sectaires de 93 pillèrent cette église, violèrent le tombeau de saint Benézet et ses ossements furent dispersés. Seule, la tête fut retrouvée. Elle est aujourd'hui dans l'une des chapelles de cette ancienne église.

Après la Révolution, et jusqu'à ces derniers temps, la ville d'Avignon continua chaque année, le 14 avril, d'honorer saint Benézet comme l'un de ses patrons. La fête se terminait par des danses qui avaient lieu sur le pont même. De là, sans doute, l'origine de cette chanson, véritable ronde enfantine, si populaire dans le Comtat, et dont nous donnons ici une des nombreuses variantes.

> Sur le pont d'Avignon
> L'on y danse, l'on y danse,
> Sur le pont d'Avignon
> L'on y danse tous en rond.

On sait qu'à la suite de chaque couplet, que l'on peut multiplier à l'infini, les enfants interrompent la ronde et font le simulacre d'un métier quelconque en se saluant du geste particulier au métier ou au personnage qu'ils veulent représenter. Cela donne un certain cachet original à cet amusement.

A côté des documents historiques, concernant l'origine de Benézet, il existe une tradition qui, elle aussi, ne doit pas être dédaignée. On peut la lire en entier dans notre *Savoie,* où nous l'avons reproduite telle qu'elle est connue dans le village d'Hermillon, en Maurienne, où les écrivains savoyards placent le berceau de saint Benézet, dit le petit Benoît.

Les débris du pont, ses trois arches et sa chapelle, qui occupent la moitié environ du fleuve, offrent un tableau pittoresque, que la plupart des artistes ont reproduit avec plus ou moins de talent.

Ces ruines si connues, si populaires, et leurs piles à fleur d'eau que l'on n'avait pas encore extraites, n'en constituaient pas moins un danger permanent pour la navigation. On doit se souvenir des lettres que Mme de Sévigné répondait à sa fille, Mme de Grignan, qui avait manqué périr avec son mari en passant près du vieux pont d'Avignon. Dans cette réponse, elle lui faisait part de ses inquiétudes de la voir voyager « *sur ce diantre, ce diable de Rhône, ce furieux Rhône qui fait peur à tout le monde, qui m'inspire une folle terreur.* » Elle lui rappelait aussi son voyage sur terre et la traversée de la montagne de Tarare où, en plein hiver, au milieu des neiges et des glaces, elle en fut quitte pour quelques contusions et « *ses parties nobles culbutées.* »

En aval du pont Saint-Benézet, un pont suspendu qui a remplacé un pont de bateaux, lequel avait succédé à un vieux pont de bois, dit le Pont-Rouge, traverse le bras du Petit-Rhône et s'appuie sur l'île de la Barthelasse. A sa suite, et sur l'autre bras, la moitié de l'ancien Pont-Rouge existe encore.

L'île de la Barthelasse, agréablement ombragée par des peupliers, des saules, des platanes et des mûriers, a six kilomètres environ de longueur, sur un de large en moyenne. Le terrain provient des alluvions du fleuve ; il est fertile, mais fréquemment inondé. On y voit un certain nombre de fermes et de propriétés agricoles, où l'on compte une centaine d'habitants qui s'adonnent à la culture. Elle est en outre divisée en une infinité de jardins particuliers et de jardins publics.

Dans le quartier de *la Petite-Hôtesse*, et dans celui de *Bagatelle*, à l'ombre des grands arbres, existent, comme à la Mouche et à la Saulée d'Oullins, quantité de guinguettes et de restaurants champêtres, rendez-vous habituels de la jeunesse d'Avignon, on y danse sur l'herbe, on s'amuse à divers jeux, on se poursuit, on s'égare, on se repose dans de charmants et mystérieux réduits, où on laisse passer les ardeurs du soleil...

La propriété de cette île souleva autrefois de longues discussions, qui durèrent jusqu'à la fin du XVe siècle. Suivant les uns, elle devait dépendre de la Provence ; les autres la considéraient comme appartenant au Languedoc. C'est à la Provence qu'elle fut attribuée.

Sur la rive droite du fleuve, en face du pont de bois et des ruines de l'ancien pont de pierre, dont quelques restes de piles sont encore visibles dans l'intérieur de la Barthelasse et au milieu du Grand-Rhône, Villeneuve, qui fait partie du Gard, est échelonnée sur le penchant adouci de deux coteaux et assise au centre d'un petit vallon.

Ce n'était, dès le principe, qu'un petit village insignifiant, à proximité d'un monastère de bénédictins et groupé autour d'une église dédiée à saint André, qui lui avait donné son nom. Il s'accrut par suite des privilèges que lui accordèrent les rois de France, et prit alors le nom de Villeneuve.

Louis VIII y construisit une forteresse dans le but de contenir l'ambition des comtes de Provence ; puis, Philippe-le-Bel éleva sur le bord du Rhône la belle tour carrée qui avait pour mission spéciale de surveiller le débouché du pont. Philippe de Valois et son fils Jean séjournèrent maintes fois à Villeneuve.

Plus tard, la forteresse de Saint-André et la ville furent vainement assiégées par le prince d'Orange, ligué avec les Anglais, et le baron des Adrets fit d'inutiles efforts pour s'en emparer.

Précédemment, le pape Innocent VI fuyant la peste qui décimait Avignon était venu se fixer à Villeneuve qui, dès lors, devint un lieu d'agrément où les pontifes et les cardinaux édifièrent de somptueux hôtels à côté d'églises, de monastères, d'hospices, etc.

Le palais du cardinal Napoléon des Ursins devint la résidence préférée de plusieurs pontifes. D'autres palais ne le cédaient en rien à celui-là. Nombre de maisons gothiques et de la Renaissance se trouvent disséminées dans l'intérieur de la petite ville.

L'église paroissiale remonte au XIVe siècle, c'est-à-dire à cette époque considérée comme la plus belle expression du style ogival, de ce style si hardi et si gracieux à la fois par ses détails et son ensemble.

Le monastère de Saint-André était enfermé dans l'enceinte de la forteresse, sur le sommet rocheux et pelé du coteau de Belvézet. On y voit les ruines d'une petite chapelle romane et une dizaine de maisons délabrées habitées par quelques tisserands. Au milieu de ces ruines, on a restauré une partie du vieux monastère des Bénédictins, son église et son cloître, où s'est établie une communauté de religieuses, dites *Victimes du Sacré-Cœur*, adonnées à la prière et à la contemplation.

Habitants et religieuses sont abreuvés par une source d'un faible volume, mais renommée par de saintes et vénérables traditions. Tout à côté, les anciens moines ont creusé un puits qui, dit-on, atteint le niveau du Rhône.

Cette forteresse était défendue selon les règles en usage au Moyen-Age ; les remparts crénelés, à chemin de ronde et renforcés de redans sont encore intacts ; la double porte ogivale enfoncée entre deux énormes tours saillantes présente un aspect des plus imposants. On ne saurait trop la signaler aux artistes et aux curieux ; non plus que la belle vue dont on jouit de là sur la vallée du Rhône et sur la ville d'Avignon qui, l'une et l'autre, se présentent sous un nouvel aspect.

Au pied de la colline et du fort de Saint-André sont les débris de la riche chartreuse du val de Bénédiction, fondée par le pape Innocent VI. Ce pontife voulut y être inhumé.

Ce fut dans le réfectoire de cette chartreuse que le roi Henri III ouvrit les Etats-Généraux de la province de Languedoc, le 22 décembre 1574. Saccagés sous la Révolution, les bâtiments, les dépendances et les domaines de la chartreuse furent vendus à divers particuliers. On y pénètre par un portail d'ordre composite, d'une bonne architecture. « L'église était fort belle, décorée de marbres et de tableaux ; elle renfermait des tombeaux de papes, qui, par eux-mêmes, ne valaient pas grand chose. Je parle des tombeaux et non des saints pères, ajoute le sceptique de Brosses. »

Elle sert aujourd'hui de remise et d'écurie ; des cellules sont habitées par de pauvres ouvriers. Cloîtres, escaliers, salle capitulaire, etc., tout offre l'image de la désolation. Cependant, le puits Saint-Jean, abrité sous une coupole soutenue par de belles colonnes, n'a pas trop souffert, et le mausolée d'Innocent VI, quoique mutilé, était de la plus belle époque du style ogival et rappelait, moins la richesse des matériaux, les merveilleux tombeaux de Brou et de Dijon. La statue du pape, en marbre blanc, est couchée sur le cénotaphe, un lion à ses pieds, sous un dais, au milieu de colonnettes, pyramidions, chapiteaux et ornements de toutes sortes. C'est un véritable monument de huit à neuf mètres environ de haut, trois de long et deux de large.

Ce n'est qu'après plusieurs années d'abandon, exposé aux outrages de tous genres, qu'un amateur zélé eut l'heureuse idée de le racheter du paysan qui l'avait acquis, et, habilement restauré, de le déposer dans la chapelle de l'Hôpital, ancien couvent de franciscains. Malheureusement la nef de cette chapelle est trop exiguë pour l'importance de ce tombeau.

Plusieurs salles de l'Hôpital sont transformées en musée, où se trouvent de bonnes toiles de Mignard, de Philippe de Champaigne, de Simon Vouet et d'autres maîtres anciens. Ces tableaux proviennent, soit de la chartreuse, soit de divers établissements religieux. Mais les deux plus précieux sont une *Sainte-Trinité* et un *Jugement dernier*, attribués l'un et l'autre au roi René, dernier comte de Provence.

Entre autres tableaux, on y voit une *sainte Roseline*, jolie à ravir. « Hum ! Hum ! écrivait de Brosses à son ami de Blancey, comme je la martyriserais ! Je suis sûr qu'elle a plus damné de ces bons pères que la règle de saint Bruno n'en a sauvé ! » — Il allait bien, notre cher Président !..

Un escalier monumental donne accès dans

ces salles. Les paliers contiennent beaucoup de morceaux archéologiques en marbre, pierre, bois, et en différents métaux. Débris de colonnes, corniches, chapiteaux, statues, inscriptions, rappellent le Moyen-Age et surtout la Renaissance. Plusieurs vitrines contiennent des monnaies et des médailles, et une foule de petits objets précieux par l'art et la matière dont ils sont composés. A signaler surtout une statue de la Vierge, en ivoire, qui est considérée comme une merveille de l'art au XIVe siècle.

Ces musées, ainsi que la plupart de ceux que nous avons visités dans le cours de nos études sur les bords du Rhône, ont été créés sous le second Empire, époque où l'on s'occupa si activement à recueillir tous les trésors artistiques des siècles passés.

PORT D'ARAMON

256 kilomètres de Lyon

(RIVE DROITE)

AVIGNON est actuellement le port terminus des *Gladiateurs* qui font le service des voyageurs venant de Lyon. Ceux qui se dirigent sur Tarascon, Arles ou Marseille prennent le chemin de fer.

Adieu donc aux voyages par eau si pleins de charme et d'agrément, jusqu'au moment où la Compagnie Générale de Navigation poussera ce service jusqu'à Port-Saint-Louis et de là à Marseille, par un simple transbordement. Quant à nous, en attendant cette heureuse organisation, et pour terminer notre navigation artistique, nous prenons place sur l'un des bateaux de marchandises, qui, à l'exclusion des voyageurs, font le trajet entre Avignon et Saint-

Louis, en desservant les villes intermédiaires situées sur les deux rives du fleuve. Nous jouissions ainsi d'une faveur toute spéciale.

Disons tout de suite que, sans avoir le confort que l'on trouve sur le *Gladiateur,* nous avions le loisir de prendre part aux repas de l'équipage et de coucher à bord sur une banquette.

Au-delà d'Avignon et à l'extrémité de la Barthelasse, les deux branches du Rhône réunies dans un seul lit donnent au fleuve une grande largeur. Le courant a moins de rapidité; les rives peu élevées laissent voir une multitude de hameaux et de *mas* dispersés dans la plaine qui monte insensiblement jusqu'au pied des collines dont les sommets bleuâtres terminent l'horizon.

On dépasse l'embouchure de la Durance qui verse dans le Rhône une masse d'eau grisâtre et de débris schisteux, dont la quantité apporte des troubles dans le régime du fleuve.

Nous ne savons quel est le touriste grincheux qui a lancé cette boutade qui, à notre avis, pourrait être plus juste : *Le Gouvernement, le Parlement et la Durance, tous trois ont gasté la Provence!*

Quelle part, dans cet anathème, ont pris le

Gouvernement et le Parlement? c'est affaire à l'histoire. Quant à la Durance, ses écarts sont bien compensés par la fertilité que ses eaux sédimenteuses, riches en principes organiques, donnent, au moyen des canaux qu'elles alimentent, aux immenses plaines limitrophes qui, sans elle, ne seraient qu'un désert semblable à celui de la Crau.

A partir de l'embouchure de la Durance, le fleuve décrit là un contour à l'ouest et semble vouloir s'éloigner de la Provence. Entre lui et le chemin de fer, au milieu d'une splendide végétation et de beaux vignobles alternés d'oliviers, amandiers, figuiers et mûriers, se montre la petite ville de Barbentane. De vieux remparts, des tours et un donjon en faisaient autrefois une place forte importante et vivement disputée par les seigneurs de la contrée.

C'est sur la gare de Barbentane que sont dirigées toutes les primeurs en fruits et en légumes, récoltées dans les campagnes environnantes, pour être dirigées vers des climats moins printaniers. Châteaurenard est le centre de ces productions si variées.

Tout près de là, au centre d'un petit massif

de collines, on devine les bâtiments de la vieille abbaye de Saint-Michel de Frigolet. D'un ensemble de cloîtres, de tours et de murailles du XIIe siècle, se détache une basilique moderne.

Il y a un certain nombre d'années, un homme du monde, Jean-Baptiste Bourlon, acheta les ruines de Frigolet et, avec l'autorisation du pape, y restaura l'*Ordre Blanc* ou des *Prémontrés* qui avait disparu en France depuis la Révolution. Il y réunit quelques religieux dont il devint abbé sous le nom de Père Edmond. Il y reconstruisit l'église et de nouveaux bâtiments, y ouvrit une école pour les enfants et un hôpital pour les malades; il distribuait remèdes et secours aux familles indigentes, et son nom fut béni dans toute la contrée.

C'est une véritable Thébaïde, entourée de rochers tapissés de toutes sortes d'herbes odoriférantes, entre autres de thym, dit *frigoule*, en provençal. Le nom de Frigolet est devenu populaire en France depuis 1880, où la force armée força les RR. PP. Prémontrés à se disperser, en vertu des décrets d'expulsion.

Plus rapproché du Rhône, on aperçoit le village de Boulbon, et sur la hauteur le château de la famille Raousset. Plusieurs membres de cette famille appartinrent au parlement de Provence. Ils portèrent le titre de comte de Boulbon.

On sait l'existence aventureuse et tragique d'un de leurs descendants, Gaston Raousset de Boulbon, fusillé par les Mexicains dans une expédition que, à la tête d'une troupe d'aventuriers, il avait entreprise contre la province de la Sonora, en 1853. Ainsi finit cet homme au caractère chevaleresque qui avait rêvé la gloire des Cortès et des Pizarre!

Sur la rive droite, en Languedoc, et sur les bords mêmes du Rhône, le port d'Aramon est le centre d'un commerce actif en vins, huiles et autres productions agricoles.

Là se trouve la gare du chemin de fer que doivent prendre les voyageurs désireux de visiter le pont du Gard, un des plus beaux monuments que nous ait légués la civilisation romaine.

PORT DE BEAUCAIRE-TARASCON

276 kilomètres de Lyon

(RIVE DROITE)

Des îles et des hauts-fonds dûs aux apports de la Durance surgissent çà et là dans le fleuve, mais ne gênent nullement la navigation.

Voici Valabrègues, petit port de pêcheurs où sont amarrées quelques barques. En face est l'embouchure du Gardon. Ici, comme à Aramon, rien d'historique, rien de pittoresque, rien pour l'artiste ; mais pour les habitants un beau et fertile pays.

Notre navigation était néanmoins des plus agréables sur ce beau Rhône, qui gagnait encore en étendue, en majesté. Du côté de l'orient, en Provence, le petit massif des Alpines, prolongement des Alpes, venait par de multiples chaînons finir doucement sur la rive du fleuve ; tandis que, du côté de l'occident, les vastes plaines du Languedoc s'étendaient, mollement ondulées, jusqu'aux limites d'un extrême horizon. Le beau soleil du Midi colorait le paysage de teintes variées.

Déjà on commence à apercevoir les clochers et les monuments des villes de Beaucaire et de Tarascon. Ces deux villes, situées en face l'une de l'autre, sont reliées ensemble par un magnifique viaduc qui livre passage au chemin de fer de Nîmes et par un beau pont suspendu, qui a remplacé un ancien pont de bateaux.

Qui ne connaît Beaucaire et les superbes ruines féodales qui, du haut d'une colline escarpée, dominent la ville étendue sur la rive droite du fleuve ?

Beaucaire, dès le XIIIe siècle, était déjà une place forte que les comtes de Toulouse avaient élevée contre les comtes de Provence. Pendant les guerres meurtrières entre les Français et les Albigeois, elle tomba aux mains de Simon de Montfort, chef de la croisade, à qui elle fut inféodée. Mais les habitants, restés fidèles à la maison de Toulouse, se soulevèrent contre leur nouveau maître et parvinrent à le chasser de la ville.

Ce fut à la suite de cet événement que le comte Raymond leur accorda de grands privilèges, reconnus plus tard par Louis XI et confirmé par Charles VIII, et fonda la foire célèbre où venaient trafiquer toutes les nations du monde. Cette foire, rivale de celles de Leipsick, de Francfort et de Novgorod, a perdu toute son importance ; elle n'est plus que l'ombre de [ce qu'elle était jadis. Durant des siècles, on vit se ranger le long des quais les bâtiments à voiles, caboteurs, tartanes, balancelles, chalands, etc., venant de la Méditerranée et remontant le Rhône, tantôt poussés par le vent, tantôt tirés par des chevaux.

Une prime était accordée par la municipalité au premier bâtiment qui y venait jeter l'ancre pour l'ouverture de la foire. Mais encore une fois, cette ère de prospérité a disparu. L'ouverture du canal de Beaucaire à Aigues-Mortes et à Cette lui a cependant rendu une certaine animation, en favorisant le commerce des vins.

Depuis la réunion de cette ville à la France,

le titre de sénéchal de Beaucaire fut porté par les premiers seigneurs du royaume.

On doit visiter tout particulièrment le donjon et la chapelle, qui surgissent intacts au milieu des ruines du château. Celui-là est fort bien conservé avec sa fière couronne de créneaux et de machicoulis ; celle-ci, d'un style roman et surmontée d'un haut clocher, contient un musée intéressant, moins par la quantité que par la qualité des objets qu'il renferme.

Ce château reçut successivement la visite des rois Charles IX, Henri IV, Louis XIII et Louis XIV. Les écrits du temps mentionnent que ce dernier souverain, escorté d'une suite nombreuse, entra dans la ville après avoir traversé le Rhône sur un pont de glace, pendant le rude hiver de 1660.

Dans l'intérieur de la ville, il existe encore quelques maisons particulières et quelques monuments publics qui ne sont pas sans mérite, entre autres l'ancien couvent des Cordeliers où, pendant deux ans, fut enfermé Jacques Cœur, le célèbre argentier de Charles VII.

Au début de la Révolution, Beaucaire se montra hostile au nouvel ordre de choses ; ce fut un bataillon commandé par Bonaparte qui le fit rentrer dans le devoir.

Plus tard, sous la Restauration, comme dans certaines villes du Midi, on eut à y déplorer la mort de nombre de personnes, massacrées par une population en proie au plus odieux fanatisme religieux et politique. Le général Lagarde fut une des victimes de cette époque, que l'histoire a nommée la *Terreur Blanche*.

La ville de Tarascon, sur la rive opposée, semble être la sœur de Beaucaire, absolument comme Lyon et la Guillotière; mais d'une origine plus ancienne. Le pont suspendu qui les reliait l'une à l'autre fut enlevé par le mistral, en 1843, événement qui causa la mort de plusieurs individus et d'un troupeau de moutons qui traversaient le pont au moment du sinistre.

Personne n'ignore la légende de sainte Marthe, qui remonte au IIe siècle. La contrée était désolée par un monstre amphibie, monstre fantastique tenant du dragon, de l'hydre et de l'hippogriffe et qui jetait l'épouvante dans la population.

Tantôt sur la terre, tantôt sur le Rhône, théâtre de ses déprédations, le monstre avait repoussé toutes les attaques entreprises pour délivrer le pays. Il faisait chavirer les barques sur le fleuve et dévorait les mariniers ; sur les grands chemins, les voyageurs subissaient le même sort. Des troupes armées, les plus braves chevaliers de la province durent reculer devant lui.

Sainte Marthe parut. Inspirée par le ciel, elle dompta le monstre, et le conduisit docilement attaché par un simple ruban jeté sur son cou. Le fait est tout symbolique : le monstre rappelle le paganisme vaincu par le christianisme représenté par une jeune vierge.

Cette victoire a joui pendant des siècles d'une immense popularité. Elle donna naissance à une fête burlesque, moitié profane, moitié religieuse, qui avait lieu le jour de la Pentecôte, et faisait accourir à Tarascon la population de la Provence et du Languedoc.

La fête était encore rehaussée par l'éclat et la beauté des costumes que portaient les chevaliers de la *Tarasque*, costumes dessinés par le roi René lui-même.

La description de cette fête se trouve un peu partout dans maints et maints ouvrages ; mais, hélas ! comme la foire de Beaucaire, et comme tant de choses des temps passés, elle a entièrement disparu, excepté toutefois des récits populaires qui se perpétuent dans les anciennes familles.

Quoiqu'il en soit, on continue à aller en pèlerinage au tombeau de sainte Marthe, qui se trouve dans la crypte de l'église du même nom. Ce tombeau est remarquable par les sujets de sa décoration et la naïveté de sa sculpture.

L'église élevée, dit-on, sur l'emplacement d'un temple païen, à la fin du Xe siècle, a été plusieurs fois reconstruite. Il ne reste des premières constructions que le portail du milieu de la façade principale. Du clocher, une flèche en pierre s'élance à une grande hauteur; plusieurs tombes d'illustres personnages et des tableaux de maître ornent l'intérieur de l'église.

Dans l'église Saint-Jacques, on voit avec curiosité un tableau du peintre Vanloo représentant sainte Marthe domptant la symbolique Tarasque.

Le château de Tarascon est assis sur un rocher abrupt, peu élevé, qui plonge dans le Rhône; mais il est de plain-pied avec la ville dont il est séparé par un large fossé à sec taillé dans le roc. Un pont, jeté sur le fossé, aboutit à la porte principale contre laquelle se dressait le pont-levis.

Le château fut construit au Xe siècle par les premiers comtes de Provence; mais le roi René l'embellit et en fit une des plus agréables résidences de ses Etats. C'est un vaste quadrilatère, flanqué de quatre tours réunies par de puissantes courtines, le tout en grosses pierres de taille grisâtres L'intérieur est divisé en de très belles salles aux plafonds à poutrelles dorées et peintes d'un fort joli effet. Ces appartements s'ouvrent sur une cour intérieure entourée de portiques. Il s'y trouve également une chapelle ogivale et une petite pièce dont les murs sont couverts de dessins gravés au simple trait et représentant des navires de toute forme et des châteaux tels qu'on en voyait aux XIV° et XV° siècles.

Cet imposant édifice est aujourd'hui converti en une prison départementale; il est classé parmi les monuments historiques de France.

. Une promenade dans l'intérieur de la ville

vous montrera quelques maisons à pignons et à balcons, surtout la grande rue des Arcades, sous les portiques de laquelle on peut affronter et le soleil et la pluie, et le sirocco et le mistral. L'étranger a bientôt visité cette petite ville, patrie de *Tartarin* illustré par Alphonse Daudet, qui, pour peindre son héros, n'a eu qu'à faire converger sur lui les principaux traits de l'exubérance méridionale.

De Tarascon, une petite excursion au bourg de Saint-Rémy et au village des Baux, placés l'un et l'autre au centre des Alpines. En quelques minutes, par le chemin de fer d'Orgon, vous êtes rendu au pied d'une colline. Tombeau romain connu de nos architectes ; arc de triomphe ; aqueduc qui transportait des eaux abondantes aux Arènes, au Théâtre, au Cirque et aux autres monuments de la ville d'Arles ; objets d'art trouvés dans la localité et réunis dans un musée lapidaire : voilà ce que vous verrez à Saint-Rémy, où l'on vous apprendra en même temps que vous êtes dans le pays qui a donné naissance au savant médecin Michel Nostradamus, l'auteur des *Centuries*, le célèbre et populaire astrologue du XVIe siècle.

Cet ouvrage est écrit dans un style énigmatique et obscur, et dans lequel on peut voir tout ce qu'on veut y trouver. César, son fils aîné, adonné à la peinture, a laissé de son père un portrait conservé au musée d'Avignon. Son second fils, Michel-le-Jeune, essaya comme lui de prédire l'avenir. Lettré et médecin, il publia un traité sur l'astrologie et annonça que la ville du Pouzin, assiégée par les troupes royales, périrait par le feu. Pour justifier sa prédiction, il incendia lui-même sa propre maison et plusieurs maisons voisines. Surpris dans cette opération, il fut tué sur le champ. Michel Nostradamus descendait d'une famille juive nouvellement convertie au christianisme. Son père était notaire et son bisaïeul avait été médecin et conseiller du roi Réné.

Sur la colline, au-dessus de Saint-Rémy, dans un lieu escarpé et solitaire, le village des Baux était le siège d'une des plus puissantes seigneuries du Moyen-Age, et la maison des Baux était alliée à des familles souveraines. Des restes de la forteresse et des remparts, des habitations gothiques et Renaissance sont encore des témoignages frappants d'une antique puissance.

L'ancien hôtel des Porcelet surtout est assez bien conservé. Il rappelle une curieuse légende relative à la mère du seigneur de Porcelet, le seul compagnon de Charles d'Anjou qui ait échappé au massacre des Vêpres-Siciliennes. Dans cette noble demeure, on remarque de belles salles voûtées, ornées de fresques et éclairées par de curieuses fenêtres croisillonnées. De nos jours, elle est occupée par une communauté de Sœurs appliquées à l'éducation des petites filles du village ; l'église aussi est à visiter, ainsi que plusieurs grottes creusées par les hommes dans une roche friable qui est a proximité. Une façade maçonnée les a rendues habitables pour les déshérités de la fortune.

PORT D'ARLES

281 kilomètres de Lyon

(RIVE GAUCHE)

Au-dessous de Tarascon et de Beaucaire, le Rhône a repris sa direction générale, le Midi, qu'il ne quittera plus jusqu'à ses embouchures. Ses rives s'abaissent de plus en plus; elles sont garanties par des digues submersibles, bordées elles-mêmes de saules, de peupliers d'Italie et de peupliers blancs de pays. Protégées par ces digues, sont des lônes dans lesquelles les eaux, d'une tranquillité extrême, déposent le limon qu'elles tiennent en suspension et qui, en peu de temps, constituent un colmatage favorable à certaines cultures. Ces espaces conquis et métamorphosés par le génie de l'homme produisent un épais rideau de vourgines, et sont connus dans le pays sous le nom de *ségonneaux*, qui correspond à celui de nos *brotteaux* lyonnais.

A travers les éclaircies de cette végétation aquatique, on aperçoit de notre vapeur la voie ferrée de Marseille, dont les convois, à leur passage, nous distraisent de la monotonie du paysage qui se développe à droite et à gauche au milieu de plaines blanchâtres, surchauffées par un soleil étincelant.

La ville d'Arles est signalée; on ne tarde pas à aborder le ponton amarré au port de Trinquetaille, sur la rive opposée.

Cette antique cité est avantageusement placée à l'endroit où le Rhône se divise en deux branches pour former l'île de la Camargue. Du temps des Romains, un pont en pierre traversait le fleuve et desservait la Provence et le Languedoc. Il s'appuyait sur la pointe supérieure de la Camargue et aboutissait à Fourque. Dans les basses eaux, on aperçoit encore les débris de ses culées.

Le commerce pourrait être plus actif dans cette ville et l'industrie plus prospère. Le port est profond et les grosses embarcations peuvent s'amarrer contre le quai lui-même. Bateaux à voile se balancent à côté de bateaux à vapeur et de toute une flotille maritime et fluviale. Ajoutons-y encore le canal de Bouc, creusé, sous le premier consul, pour faire communiquer directement le Rhône avec le golfe de Fos et avec la pleine mer.

De plus, elle est desservie par de belles routes, par la voie ferrée de Paris à Marseille, par celles de Saint-Gilles, de Montpellier, de Cette et de Toulouse, par la petite voie de Fontvieille et de Salon et par celle récemment ouverte de Port-Saint-Louis.

Sous un climat des plus favorables, les campagnes sont fertiles et largement arrosées par le canal des Alpines, celui de Craponne et celui de Bouc, qui tous donnent naissance à une foule de roubines ouvertes dans toutes les directions. Ne sont-ce pas là les éléments réunis d'une grande prospérité et d'un bel avenir?

Colonie grecque, rivale de Marseille, importante cité romaine, les empereurs et les sénateurs en firent leur séjour préféré dans la Gaule; un instant capitale de l'empire d'Occident, Arles embrassa de bonne heure la foi chrétienne apportée par saint Trophime, son premier évêque. Elle donna le jour à saint Ambroise, l'illustre évêque de Milan.

Comme toutes les villes du Midi, Arles ne put échapper aux révolutions qui ébranlèrent l'empire. Elle fut pillée par les Barbares qui, des quatre points de l'horizon, se ruèrent sur la Gaule romaine, et ne laissèrent de leur passage que les ruines amoncelées des monuments élevés par le génie du peuple-roi et la foi ardente des premiers chrétiens.

Capitale du deuxième royaume de Bourgogne, Arles passa sous l'autorité de plusieurs souverains et de nombre de seigneurs féodaux qui se disputaient la possession de cette place importante, jusqu'au moment de son annexion à la France.

Arles est une de nos villes les plus riches en monuments romains et édifices de diverses époques. Mais, vu le cadre restreint de notre ouvrage, nous ne pouvons que les signaler sommairement. Tous sont classés par l'Etat et sous sa surveillance.

Les Arènes ou Amphithéâtre sont le premier comme importance. C'est une énorme masse de pierres de taille, ajourée d'arcades à plein-cintre et ornée de belles sculptures. Sa forme ovale est de 140 mètres de long sur une largeur de 103. Ses gradins pouvaient contenir 25,000 spectateurs. On y donnait des combats de gladiateurs et des chasses aux bêtes fauves. De nos jours, les taureaux et les chevaux ont remplacé les lions et les tigres, et les toréadors ont supplanté les gladiateurs.

Le Théâtre est moins bien conservé; mais ses restes suffisent pour faire juger de la somptuosité qu'il devait avoir jadis. On admire surtout deux belles colonnes corinthiennes encore debout sur le devant de la scène, les dalles de marbre du proscénium, la place réservée à l'empereur et aux premiers personnages de la cité, et les gradins demi-circulaires superposés les uns aux autres et mutilés d'une étrange façon. On y remarque aussi les deux principales entrées, quelques arcades plus ou moins dégradées et de nombreux débris d'une fine sculpture.

C'est du milieu de ces ruines que sort la célèbre Vénus d'Arles, qui occupe une place spéciale dans le musée du Louvre.

Lorsque les Sarrasins occupaient la contrée,

ils transformèrent les Arènes et le Théâtre en forteresses pour tenir la ville en respect. On y voit encore une tour carrée qui leur servait de donjon. Et, plus tard, dans l'enceinte de ces deux respectables monuments, un certain nombre d'habitants construisirent des baraques avec toutes sortes de débris antiques ou modernes, encombrées de guenilles sans nom et s'ouvrant sur des cloaques formés par les ordures et les eaux ménagères d'où s'exhalaient de fétides odeurs.

D'anciennes gravures représentent cette espèce de Ghetto, cette vraie cour des Miracles, dont il serait difficile de se faire une idée. C'est en 1845 qu'une administration éclairée entreprit de déblayer ces deux édifices de leurs masures parasites, et de réparer les arcades qui menaçaient ruine. Quelques fonds sont affectés chaque année pour continuer cette œuvre de consolidation.

Sur la place de l'ancien Forum, existent encore deux colonnes granitiques, engagées dans une maison moderne dont les caves sont d'anciens souterrains romains, où l'on prétend reconnaître des Thermes et des bains publics.

Le palais de l'empereur Constantin est représenté par un vénérable hémicycle de dix à douze mètres de hauteur et par des soubassements de tours. Là, naquit un de ses fils, qui revêtit lui-même la pourpre impériale.

Au Ve siècle, Sidoine Apollinaire a fait de ce palais une pompeuse description et énuméré les statues, les tableaux et les mosaïques qui y étaient réunis en grand nombre. Plus tard, le comte Raymond Béranger IV y signa des lettres patentes, qui confirmèrent les privilèges accordés à l'ordre de Malte.

Çà et là, autour de la ville, surtout le long du Rhône, on découvre des fragments d'anciens remparts, construits en matériaux d'un fort bel appareil.

La place de l'Hôtel-de-Ville est ornée d'un antique et magnifique obélisque en granite, élevé d'environ vingt mètres, sur un socle d'où jaillit une fontaine. Le sommet était couronné d'un soleil en bronze doré, flatterie à l'adresse du roi qui avait pris cet astre pour emblême. Cet obélisque fut trouvé au midi et en dehors de la cité, couché au milieu de débris romains, dans un terrain vague où l'on voit actuellement une grande route, le débouché, dans le Rhône, du canal de Craponne, la prise d'eau de celui de Bouc et quelques bâtiments de l'ancien monastère des Carmes-Déchaussés.

Il est permis de supposer que, comme le célèbre édicule de Vienne, dit le *plan de l'Aiguille* ou le *tombeau de Pilate*, notre obélisque devait avoir été la *spina* d'un cirque dont les plans ont été relevés par M. Honoré Clerc, ancien architecte municipal de la ville. Le nom de *Lice* que porte un boulevard voisin rappellerait les courses qui avaient lieu dans le cirque.

Sur le boulevard de la Lice, promenade à la mode, rendez-vous du monde élégant de la ville, on voit cafés, restaurants, jardins publics où les coquettes Arlésiennes aiment à étaler leurs grâces.

A quelques pas de ce boulevard et du square du théâtre antique, les Aliscamps ou Champs-Elysées se trouvent le long du canal de Craponne. C'est une avenue ombragée de beaux arbres, peupliers et micocouliers, et bordée de tombeaux en pierre de l'époque romaine et des premiers temps du christianisme. La plupart de ces tombeaux, plus ou moins mutilés, furent trouvés et disposés là lors de l'ouverture du canal et des travaux du chemin de fer. Quelques-uns sont de date plus récente. Le plus important est celui des consuls d'Arles morts de la peste en 1720. La longue avenue des Aliscamps présente, en outre, l'église Saint-Honorat et plusieurs chapelles du Moyen-Age, toutes dans le plus piteux état.

Le terrain des Aliscamps était, suivant de pieuses légendes, doublement consacré par les antiques fêtes du paganisme et les cérémonies de l'église chrétienne. Telle était cette croyance au Moyen-Age, que les riches personnages de Lyon et des autres grandes villes du littoral du Rhône tenaient à honneur de reposer dans ce lieu saint et très saint. Le cercueil qui renfermait leur corps était confié au fleuve, à la garde de Dieu et des anges ; il descendait lentement le courant ; les cloches des paroisses riveraines sonnaient toute seules au passage du funèbre convoi. A Arles, il était recueilli par des frères Pénitents qui veillaient sur le port, d'où il était transporté dans l'allée des Aliscamps, où il devait reposer pour l'éternité.

La cathédrale d'Arles, Saint-Trophime, remonte au VIIe siècle; elle fut restaurée plus tard. Le portail, du XIIe siècle, est un chef-d'œuvre de sculpture, autant par le nombre de ses sujets, de ses personnages et de ses ornements, que par la perfection du travail. L'intérieur de l'édifice peut montrer un riche et précieux mobilier, de beaux tableaux et de nombreux objets d'art.

C'est dans cette église que fut célébré le mariage du roi Réné avec la duchesse Jeanne de Laval, en 1455.

Le cloître, dans lequel on parvient soit de l'église, soit d'une rue adjacente, est en fort bon état. C'est un véritable livre en pierre où l'on peut lire plusieurs des principales scènes de l'Ancien et du Nouveau Testament, aussi bien que de ces allusions malignes et bouffonnes qui faisaient la joie de nos pères. On dit que ce cloître a servi de modèle aux magnifiques décors du 4me acte de l'opéra de *Robert-le-Diable*.

Le musée lapidaire est disposé dans l'ancienne église Sainte-Anne. Il est très riche en antiquités romaines découvertes dans la ville et ses environs. C'est l'un des plus complets de France.

Le musée Réattu possède quelques bonnes toiles de l'école espagnole et de l'école italienne, au milieu de tableaux que nous ne pouvons pas même mentionner, vu leur infériorité artistique. On y voit de vieux meubles et d'anciennes tapisseries et tentures qui ne sont pas sans mérite.

L'Hôtel-de-Ville est un bel édifice construit au XVIIe siècle, d'après un plan rectifié par Mansard. La voûte de la salle des Pas-Perdus excite l'étonnement par la hardiesse de sa hauteur, de sa portée et de son pendentif. La Bibliothèque et un cabinet d'Histoire naturelle occupent le premier étage. La toiture est surmontée par la tour de l'Horloge, surmontée elle-même par une coupole abritant une statue nommée l'*Homme de bronze*, et que le peuple arlésien considère comme le palladium de la cité.

Dans un carrefour d'où partent les deux principales rues de la ville, la rue du Saint-Esprit et la rue de la Cavalerie, on voit un modeste monument élevé à la mémoire d'Amédée Pichoi, enfant du pays. On y lit cette inscription composée par le poète lui-même, en arlésien et en français :

Siéu Arlaten, vous dise, e non pas un Arleri,
Escoulan eisila, quant de fes, à Paris,
Ai pensa tout en plour, n'en fasiéu pas mistéri,
I campas ounte anave enfant gasta de nis!

Je suis Arlésien, vous dis-je, et non point Arlérien,
Ecolier exilé, que de fois dans Paris,
J'ai pensé tout en pleurs, je n'en fais point mystère,
Aux landes où j'allais, enfant insouciant, détruire les nids!

Quand nous aurons signalé quelques parties des remparts, la porte de la Cavalerie qui conduit à la gare et aux frais jardinets qui la précèdent, nous ferons grâce aux lecteurs de les promener dans l'intérieur de la ville, qui n'offre qu'un labyrinthe de rues étroites, tortueuses, mal pavées, où l'on voit çà et là de vieilles églises sans intérêt aucun, hormis toutefois celle de Notre-Dame la Major élevée sur les ruines d'un ancien temple de Diane.

Dans l'été cependant ces rues présentent un aspect fort curieux et fort gai. De larges pièces de toile bariolées de toutes couleurs et des nattes en joncs étendues d'une maison à l'autre y offrent un abri contre les rayons dévorants du soleil; des marquises, des tentures, formant portières à chaque ouverture de cafés et de magasins flottent au gré des vents et entretiennent une fraîcheur relative, si appréciée des habitants.

Comme dans la plupart des petites villes de province, la population féminine travaille en plein air, et, le soir venu, jeunes garçons et jeunes filles font entendre de gais refrains en dialecte du pays, dialecte si plein de charme et de poésie, et qui, sous la plume des félibres a donné de véritables chefs-d'œuvre.

Ce que le président de Thou, que nous aimons à citer pour ses observations toujours pleines de joyeuse malice, ce qu'il disait des Avignonnaises, nous l'appliquerons en partie aux Arlésiennes, dont le costume et le langage des anciens ont mieux résisté qu'ailleurs aux envahissements de la mode:

« Le sang y est beau, dit-il; les femmes sont coquettes; toutes y ont de fort beaux tétons blancs, et leur manière de s'habiller les redouble encore, etc. »

Nous nous arrêterons là dans cette description qui montre que notre président n'était point insensible à la richesse plastique de ces dames, dont les aïeules avaient dû servir de modèles à l'artiste, auteur de l'admirable Vénus d'Arles.

Mais il nous semble à nous que la beauté proverbiale des Arlésiennes est passablement surfaite. Un de nos collègues et amis, qui revient du Midi, se trouve d'accord avec le galant président, et il ajoute qu'elles ont les yeux brillants, le profit de camée et la taille opulente et bien cambrée. A ces belles Arlésiennes, il dit adieu avec l'espoir de revoir ces jolies petites *chatto qui ont le nez au vent et le sein en avant*, si charmantes sous le fichu blanc négligemment croisé et le large ruban de velours noir flottant autour de leurs épaules et de leur magnifique chevelure. Heureux collègue, jeune ami! Affaire d'âge, et de tempérament!...

D'Arles, nous allons pousser une pointe à la célèbre abbaye de Montmajour. Deux heures aller et retour suffisent largement. Le train de la petite ligne de Salon nous dépose à Fontvieille, au pied de la colline sur laquelle s'élèvent ces ruines imposantes.

Cette abbaye, fondée par saint Césaire au VIe siècle, réparée au XIIe et au XVIIe, fut agrandie et embellie au XVIIIe. L'église, la crypte et le cloître sont dans la partie ancienne; on y voit plusieurs tombes armoriées, qui reflètent tout le caractère byzantin. Une fort belle tour de 1369 défendait cette partie de l'abbaye où étaient les logements des moines et la principale porte d'entrée.

Les bâtiments de la partie supérieure ont plus souffert que les autres. Ils étaient plus modernes, plus richement meublés, et construits en plus beaux matériaux; c'est ce qui excita la convoitise des démolisseurs de 93. Là, se trouvaient de vastes jardins sur de hautes terrasses. Mais tout a été abandonné, dévasté; les bois de pins, les oliviers sauvages ont repris leur empire et croissent au milieu des débris.

Non loin de Montmajour, il faut visiter l'oratoire de Sainte-Croix, édifié en 1019, et dont la crypte renferme le confessionnal de saint Trophime, creusé dans le roc, et témoin, dit-on, de miracles éclatants. Les pèlerins y sont nombreux.

Visitons aussi de belles carrières de pierres

blanches, objet d'une importante exploitation. Les travaux se font en galerie, à une profondeur de 50 mètres, où il faut descendre au moyen de nombreuses marches d'escaliers divisés en paliers.

On est saisi d'étonnement à la vue des hauts piliers ménagés dans le roc lui-même pour soutenir le plafond des galeries et les terrains supérieurs; toutes choses qui donnent aux visiteurs le spectacle des temples monolithes des contrées arrosées par le Nil et l'Euphrate, par l'Indus et le Gange.

Trinquetaille est un faubourg d'Arles, il ressemble à une petite ville. Placé à l'extrémité supérieure de l'île de la Camargue, là où le fleuve se divise en deux bras, Trinquetaille est relié à Arles par un fort beau pont tubulaire à treillis de fer, d'une construction toute spéciale. Son histoire se confond avec celle de la métropole, et n'a donc, par conséquent, aucun intérêt particulier. Son port est animé, et c'est là que se trouvent le ponton de la Compagnie Générale et d'importants ateliers pour la construction d'embarcations de toutes sortes.

A peu de distance, dans l'intérieur des terres, on a ménagé un vaste emplacement, dit *Hippodrome*, pour les courses de chevaux.

Notre séjour à Arles et à Trinquetaille nous offre trop de facilité pour ne pas tenter une excursion dans l'île de la Camargue, terre à peu près inconnue de la plupart de nos compatriotes ; c'est à ce titre seulement que nous en entreprenons la description sommaire.

Cette île, on le sait, est enserrée entre les deux principales branches du Rhône; sa forme figure un triangle de cinquante kilomètres de long, sur soixante dans sa plus grande largeur. Son sol provient des inondations des deux Rhône. C'est une vaste plaine de sable entièrement privée de cailloux, ce qui est le contraire de ce que l'on voit dans la Crau. Sans l'industrie des hommes qui y ont creusé des fossés dans un but d'assainissement, et sans les terres qui en ont été extraites et rejetées à droite et à gauche, rien ne viendrait en rider la surface.

Cependant, certains espaces légèrement déprimés, des marécages plus ou moins étendus et généralement peu profonds témoignent de la présence des eaux de la mer, d'où le fond formé de détritus de toute sorte, émerge peu à peu.

Çà et là, des efflorescences blanchâtres, reluisant au soleil, sont dues à la présence du sel et se refusent à toute végétation. Quelques tamarins-nains, des joncs, des roseaux et de certaines herbes, espèces d'oreilles d'ours, appelées *salicorne*, *engane* et *salant* dont quelques touffes ne dépassent guère un pied de hauteur tapissent le sol. On aperçoit quelques cabanes en joncs, basses et ramassées, où chasseurs et pêcheurs trouvent un abri en cas de mauvais temps, et où ils se mettent à l'affût. La terre et les airs sont fertiles en gibiers de toute sorte et les eaux en poissons, surtout en anguilles, qui salées et séchées, constituent en partie la nourriture de la population.

A mesure qu'on avance dans l'intérieur de l'île et vers les côtes de la mer, le pays devient inextricable; il y a plus d'eau que de terre, c'est un vrai labyrinthe au sein duquel un indigène a parfois de la peine à trouver son chemin.

En effet, on ne rencontre que rarement un

être humain au milieu de ces marais, de ces étangs, de ces *lônes* et de ces *roubines*, de ces *martelières*, espèces de rigoles qui amènent de l'eau douce du Rhône dans ces eaux marines d'où l'on extrait le sel ; de ces *graux* et de ces *asours*, petits canaux naturels qui mettent les étangs en communication avec les eaux de la mer ; de ces *theys*, îlots sablonneux à peine recouverts d'eau ; de ces *sansuires*, anciens marais dont le fond, saturé de sel, arrive au niveau de la plaine, et que l'on prétend avoir été d'anciens golfes qui pénétraient très avant dans les terres.

Ces espaces, inondés par le mélange des eaux marines et des eaux fluviales, constituent les seules richesses du pays, par le sel que l'on en retire. Les salines de Giraud sont les plus considérables du pays ; elles occupent six à sept cents *sauniers*, charretiers, mariniers, ouvriers divers. Le hameau de Barcarin, sur le Rhône, en face de Port-Saint-Louis, et à proximité des embouchures du fleuve, est le port d'embarquement de tout le sel que l'on exporte en diverses directions.

Le grand étang de Valcarès occupe la partie

centrale de l'île ; il se relie avec ceux de Fournelet, du Lion, de Roscaillon, de Beauduc, du Vaisseau, de Galabert, de Faraman, de Giraud et d'une infinité d'autres formant comme un chapelet le long de la mer, avec laquelle ils sont en communication par les graux et les asours qui coupent les dunes, sablonneuses et mouvantes, dont la hauteur dépasse à peine le niveau des marais et des eaux de la mer.

Le Petit-Rhône, qui sépare la Camargue de la province de Languedoc, se jette à la mer par plusieurs bras : le Rhône-Mort, l'ancien Rhône, etc... Là, se trouve la Petite-Camargue, également entrecoupée d'étangs, de roubines, de canaux, de lônes et de marais salants.

Que l'artiste ne croie pas que le pays soit dénué de certains charmes. L'on n'y trouve pas, il est vrai, des rochers sourcilleux, des cascades bondissantes et de ces grands effets d'une nature bouleversée. Bien au contraire, il y verra quelque chose d'austère, de mélancolique, de sympathique parfois ; il y jouira d'un silence solennel, interrompu seulement par le beuglement lointain d'un taureau, par le cri d'un oiseau des marais, le vol d'une hirondelle de mer rasant la surface des eaux, ou par celui d'un de ces beaux flamants au corps argenté et aux longues ailes roses...

Tel est cet étrange pays, Sibérie en hiver, Sahara en été, ravagé par le mistral et le siroco, et dont le ciel, en certain temps, est obscurci par des nuées de moustiques, véritable fléau pour l'habitant, surtout pour l'étranger.

Cependant les rives des multiples branches du fleuve offrent plus de variété ; elles sont bordées de grands arbres, amis des terrains humides ; quelques *mas*, dont quelques-uns portent le titre ambitieux de château, appartenant à de riches négociants d'Arles, paraissent çà et là à proximité de terres cultivées. Barcarin, sur le Grand-Rhône, se compose d'une agglomération de maisons habitées par les sauniers de l'étang de Giraud ; et plus rapproché du Petit-Rhône, entre le grau d'Orgon et le grau Impérial, au centre des *Lônes*, se trouve le bourg des Saintes-Maries, chef-lieu de canton de la Camargue.

Son origine se rattache aux premières traditions du christianisme dans la Gaule. C'est-là, sur ce rivage, alors presque désert, que de pauvres pêcheurs recueillirent les barques conduites par des anges, lesquelle contenaient les reliques de Marie, mère de saint Jaques-le-Mineur et de Marie-Salomé. D'autres disent que ces reliques étaient celles de Lazare-le-Ressuscité, de Marie-Madeleine et de Marie, sœur de Marthe. Quoiqu'il en soit, elles furent déposées dans un magnifique tombeau, et une église fut édifiée en leur honneur, sous le titre de Notre-Dame de la Barque.

Cette église devint par la suite une véritable forteresse dans laquelle, aux temps des persécutions, se réfugièrent les premiers chrétiens et plus tard la population pour échapper aux pirates barbaresques qui venaient faire des descentes sur ces rivages pour piller le trésor de l'église et enlever les femmes et les enfants destinés à être vendus comme esclaves sur les marchés africains. Des guetteurs placés dans des tours d'observation signalaient l'apparition des pirates, qui maintes fois assiègèrent le donjon et les hautes murailles de l'église.

Ces murailles sont très élevées, appuyées

sur d'épais contreforts et rendues plus solides encore par de puissantes arcatures montant jusqu'au cordon supérieur, pourvu d'un chemin de ronde à créneaux. Le clocher, à double et triple étage, est assis sur le chœur même. Cette construction massive et lourde présente, on le voit, tout le caractère des églises carlovingiennes. Et ce qui contribue à lui donner un aspect étrange, c'est la couleur rouge sombre de ses matériaux et du mortier qui les relie. On est en train dans ce moment de restaurer ce vénérable monument.

L'intérieur de l'église, où l'on pénètre par une porte basse, surmontée d'un balcon à machicoulis, répond à son extérieur.

Une nef très élevée, dont la voûte en berceau est coupée d'épais arcs-doubleaux qui s'appuient sur des piliers engagés ; des croisées, larges et étroites, n'y laissent pénétrer qu'un jour douteux. Les chapelles sont ornées simplement, hormis celle de la Vierge, pour laquelle on a déployé un certain luxe et où sont suspendus de nombreux *ex-voto*. Un tableau représente les Saintes-Maries dans une barque conduite par les Anges et abordant les côtes de la Camargue. Cette œuvre est de M. Henri de Gaudemaris, artiste lyonnais.

Le chœur en cul-de-four, exhaussé de plusieurs marches, est au-dessus d'une crypte où se trouve le tombeau qui renferme les objets de la vénération publique. Un puits est à côté, et son eau est souveraine contre la rage et la goutte; mais il faut, au préalable, y mêler quelque peu de la poussière, produite avec l'ongle en grattant un bloc de marbre blanc enchâssé dans l'une des chapelles supérieures. Ce bloc est nommé *l'oreiller de sainte Marthe*.

Les maisons du bourg sont proprettes. Un modeste hôtel est passablement tenu. A côté est un bâtiment moderne, où se trouvent réunis la mairie, la justice de paix et le bureau télégraphique. L'ordre public est assuré par une brigade de gendarmerie et un poste de douaniers. La population, composée de petits marchands, de pêcheurs et d'ouvriers des salines voisines, ne dépasse pas sept à huit cents âmes. Mais deux fois par an, au moment du pèlerinage aux reliques des Saintes, des milliers de personnes de tous âges et de tous rangs, accourent des mas de la Camargue, des villages du

Languedoc et de la Provence, à pied, en voiture, à cheval, en barque. Comment cette population vit-elle ? où loge-t-elle ? Avec des provisions apportées pour le voyage ; dans leur véhicule, dans les chemins, dans les champs, dans l'église elle-même !...

Devant le bourg, une belle plage de sable brillant et d'une finesse extrême s'étend jusqu'à la mer ; les flots soulevés par le siroco viennent battre le pied des premières maisons. De petites dunes, d'environ un mètre de hauteur et semblable à un léger bourrelet, s'étendent le long de la mer ; des tamarins, des enganes et des salants servent à les fixer et les protègent contre la violence des vents.

Cette plage sert de port aux quelques bateaux pêcheurs qui constituent la flotille des Saintes, dont les voiles paraissent à l'horizon.

Un petit établissement de bains, tout primitif et temporaire ; un moulin à vent ; quelques postes d'où les douaniers surveillent les contrebandiers et les faux-sauniers, et dans le lointain, le phare de Faraman et des tours à signaux préviennent les navigateurs des endroits dangereux. Voilà les seuls reliefs que présente l'incommensurable étendue de la terre et de la mer sur ces côtes éloignées.

La partie nord de la Camargue, au-dessus de l'étang du Valcarès, jusqu'à Trinquetaille et Arles, est d'un tout autre aspect. Là, point ou peu de marécages, point de salines, mais de vastes terrains qui n'attendent que la main de l'homme pour être mis en rapport plus fructueusement.

Déjà les premiers essais ont donné de très bons résultats. La culture de la vigne, depuis l'invasion du phylloxéra dans le Midi, promet richesse et prospérité. Mais cette culture a été l'objet de travaux préparatoires incessants de la part des grands propriétaires. Il a fallu d'abord faire dessaler le terrain. Pour ce, au moyen de roubines, on a amené l'eau du Rhône dans les champs à préparer; on y semait du riz, puis la récolte levée on a planté des ceps américains, qui offrent aujourd'hui des vignobles à perte de vue. Point de tuteurs, point d'échalas, les pampres s'étendent et rampent sur le sable, et ont déjà donné d'abondantes récoltes. Le vin est faible, il est vrai; mais au moins c'est du vin de raisin; et coupé avec les gros vins d'Espagne et de Portugal, si colorés et si alcooliques, il fait une très bonne boisson.

Il en est de même pour les autres récoltes, tout y vient à ravir. Des machines hydrauliques disposées sur le fleuve sont là pour alimenter les roubines et les rigoles qui, divisées et subdivisées, mènent les eaux de tous côtés. De plus, chaque propriété, chaque mas possède un ou plusieurs puits ou *pouzarades*, dans lesquels plonge une pompe ou *noria*, actionnée par une espèce de manège que fait tourner un cheval ou un bœuf, et qui donne assez d'eau pour arroser, au moyen de petites *razes*, les jardins et les champs voisins.

Dans les espaces livrés à la vaine pâture, on voit de nombreux troupeaux de moutons et des *manades* de taureaux noirs et de chevaux blancs particuliers au pays et vivant à l'état de liberté sous la surveillance de *gardians* à cheval, une longue lance à la main, comme dans les *pampas* de l'Amérique du Sud. C'est de la Camargue qu'on tire ces taureaux à moitié sauvages, destinés à figurer dans les arènes d'Arles, de Nîmes et de Marseille, spectacle si palpitant pour les populations du Midi. Quant à ces chevaux, on prétend qu'ils dépendent des cavales qui y auraient laissées les Sarrazins, après leur expulsion du pays.

C'est de là aussi que proviennent ces moutons à la chair délicieuse pouvant lutter avantageusement avec les fameux moutons dits de *Prés-Salés*, si estimés des Parisiens. Cette qualité est due à ce gazon nommé salant qu'ils broutent avec avidité.

La *ferrade* donne lieu à une grande fête où accourent tous les *bayles* et les populations des environs ; elle est particulière à ce pays.

Les rives des divers bras du Rhône sont, avons-nous dit, garnies de beaux arbres, peupliers, vernes et saules, qui s'élèvent au milieu de ségonneaux serrés et verdoyants ; dans l'intérieur, ce sont des aubes, des micocouliers, des mûriers et de beaux tamarins. Les mas sont reliés entre eux par de nombreux petits chemins qui, tous, partent d'une route départementale fort bien entretenue. Elle traverse toute la Camargue, d'Arles et de Trinquetaille aux Saintes. Tous les jours elle voit passer et repasser la patache ou courrier qui fait le service entre ces points extrêmes.

A Albaron s'en détache une branche qui se

dirige sur la ville de Saint-Gilles, en traversant le Petit-Rhône.

Albaron est un village en train de se former.

Une modeste église à peine terminée et une maison servant à la fois de bureau de poste et de cabaret; c'est tout ce qu'on y voit à présent.

Par delà une grosse ferme qui a un air moitié féodal, moitié religieux, et sur les bords du Petit-Rhône, on voit une épaisse tour ronde, une antique chapelle, au milieu de vestiges de cloîtres et de divers bâtiments. C'était une commanderie de Templiers. Et, non loin de là, on voit aussi les ruines éparses d'un couvent de Cordeliers fondé par la famille des Baux.

Temple et monastère furent pris et repris par les rois d'Aragon et les comtes de Toulouse sur les seigneurs des Baux et les comtes de Provence dans les guerres incessantes qui, au Moyen-Age, ensanglantèrent si souvent les provinces du Midi.

PORT-SAINT-LOUIS

328 kilomètres de Lyon

(RIVE GAUCHE)

Notre vapeur s'éloigne de Trinquetaille et d'Arles où il avait embarqué quelques marchandises en destination pour Port-Saint-Louis. Cette manœuvre, d'ailleurs, se fait dans tous les ports intermédiaires depuis Avignon. Il a repris le milieu du fleuve, qui, bien que divisé en deux branches, a conservé une largeur de 200 mètres, laquelle à Port-Saint-Louis mesure presque le double. Sa profondeur atteint jusqu'à dix ou douze mètres. Son courant s'affaiblit de plus en plus à mesure qu'on approche des embouchures. Il est animé par de petits navires à voile qui, de la pleine mer, le remontent en louvoyant; par les grands porteurs, les remorqueurs, les grappins de la Compagnie

Générale et par un paquebot de faible tonnage qui fait un service quotidien entre Arles et Port-Saint-Louis.

A droite, est la Camargue dont les vastes solitudes s'étendent à l'ouest ; à gauche, l'immense plaine caillouteuse de la Crau terminée par une ligne bleuâtre qui indique le sommet des Alpines. Les deux rives sont protégées par des digues contre les érosions du fleuve ; elles sont plates et bordées de ségonneaux au-dessus desquels s'élèvent des peupliers élancés et des aubes au feuillage blanchâtre et toujours frémissant, même dans le temps le plus calme.

Sur l'une et l'autre rive surgissent quelques vieilles tours carrées et fortifiées, où chaque nuit on allumait un phare pour la sécurité de la navigation et d'où un guetteur signalait l'approche des pirates barbaresques. Aujourd'hui, elles sont occupées par des douaniers qui surveillent un autre genre de pirates : les faux-sauniers qui font la contrebande sur le sel que produisent en abondance les marais de la contrée.

La plus importante de ces tours se nomme le fort du Pape ; à côté est une jolie habitation moderne. En face, sur la rive de la Crau, voici une autre tour, la Triquette, et, tout auprès, les vastes chantiers de Bariol, appartenant à M. H. Satre, de Lyon, et où l'on construit toutes sortes d'embarcations, en bois ou en fer, pour le fleuve ou pour la mer.

Tout le long des rives, on voit des prises d'eau et des appareils destinés à élever le liquide et à le déverser dans des roubines qui portent la fertilité dans l'intérieur du pays. Les plus puissants de ces appareils sont des bateaux-pompes à vapeur dont chaque aspiration fréquemment répétée envoie un vrai torrent dans les canaux d'irrigation.

Après trois heures d'une navigation qui, dans cette partie du fleuve, ne saurait offrir grand intérêt au point de vue pittoresque, non plus qu'au point de vue historique, on signale dans le lointain, au sud, la silhouette de la Tour Saint-Louis. On aperçoit la mer au-delà; on respire un air plus vif, imprégné d'effluves salins et fortifiants. Le paquebot quitte le milieu du Rhône; il se rapproche de la rive gauche, double le musoir du canal fluvial qui précède l'écluse du bassin et du canal maritime, aborde un vaste quai, au milieu de nombreuses embarcations et s'arrête au pied même de la Tour.

L'origine de ce canal et les travaux qui en sont le complément méritent une mention particulière. Cette mention, nous la résumerons en termes clairs, précis, et dépouillés de ces mots techniques qui ne sauraient trouver place dans un itinéraire artistique et pittoresque.

Quiconque n'a pas étudié l'intéressant ouvrage de M. Lenthéric, appelé *les Villes mortes du golfe de Lyon*, ne saurait imaginer l'aspect que présentait dans l'antiquité le littoral de ces provinces. Grâce à de précieuses cartes et à d'anciens portulans, on peut suivre les nombreux changements apportés sur ces rivages par la triple influence des eaux, des vents et des terrains arrachés aux pays riverains.

Malgré le désir que nous aurions de poursuivre cette étude, nous devons nous borner à la région des embouchures, région sans cesse bouleversée par ces agents naturels.

Aux époques les plus lointaines de notre histoire, à l'arrivée des colonies grecques sur les côtes de la Méditerranée, sous les Romains, pendant les longs siècles de la féodalité, comme à nos temps modernes, le Rhône fut toujours considéré d'une importance majeure pour le commerce de l'intérieur de la Gaule. Tous les chefs d'Etat, tous les souverains se préoccupèrent des difficultés que l'entrée du fleuve présentait aux navires qui, de la pleine mer, voulaient pénétrer dans le lit même du Rhône.

Ces difficultés consistaient dans la barre naturelle, formée des amas de sable charriés par le courant et déposés à ses embouchures. Cette barre et ces îlots sous-marins, appelés theys, subissaient tous les caprices du fleuve et du reflux de la mer; ils ne présentaient que des passes ou graux dont la profondeur était insuffisante aux embarcations, même d'un faible tonnage. Malgré les balises et les bouées placées par des pilotes expérimentés, ces passes changeaient constamment de direction, étaient toujours difficiles, souvent fort dangereuses. Aussi que de sinistres pourrait-on mentionner, que d'épaves retrouvées sur les côtes!

Les choses en étaient là, lorsqu'à la suite de la terrible inondation de 1711 qui bouleversa le régime des eaux, encombra les anciennes embouchures et en ouvrit de nouvelles, le commerce fit entendre les plaintes les plus désespérées, que les Etats de Provence et de Languedoc portèrent aux pieds du souverain.

Le gouvernement dépensa beaucoup de temps et d'argent pour rectifier le mauvais état des embouchures et les atterrissements qui s'y formaient et se déplaçaient sans cesse. On creusa de nouvelles passes, on éleva de nouvelles digues, on reprit le plan dressé par l'illustre Vauban, on fit enfin tout ce qu'exigeaient les circonstances.

Ce fut alors, en 1737, que l'on construisit la Tour Saint-Louis. Elle portait un sémaphore et un fanal pour indiquer de jour et de nuit les nouvelles passes aux navigateurs qui fréquentaient ces parages.

Les nouvelles embouchures sont au nombre de trois principales : le grau du Levant, le grau du Milieu et le grau du Ponant.

Depuis cette époque, et en dépit de ces travaux, le fleuve indomptable a continué son travail de bouleversement qui déjoue tous les calculs; et, par suite de nouvelles alluvions, la Tour Saint-Louis se trouve actuellement éloignée de la mer d'environ huit kilomètres.

On évalue à 15 ou 20 millions de mètres cubes le terrain que le Rhône dépose annuellement à ses embouchures, en faveur de l'accroissement de l'île de la Camargue et du Plan-du-Bourg, lequel forme presqu'île entre le fleuve et le golfe de Fos. Inutile d'ajouter que la barre est restée infranchissable par les gros temps à l'entrée comme à la sortie des navires.

Bien des fois, on a essayé d'entamer cette barre, mais tous les efforts ont été vains et les atterrissements ont continué à s'accumuler, à créer d'insurmontables difficultés.

C'est alors que le premier consul Bonaparte fit ouvrir le canal qui, d'Arles, aboutit dans le golfe de Fos, évitant ainsi les embouchures. Ce canal occupe, dit-on, l'emplacement des antiques *Fossæ Marianæ* attribués à Marius. Il est à écluses, mais ni assez profond, ni assez large pour recevoir des navires de certaine grandeur. Il n'a rendu que des services relatifs, et n'est plus en rapport avec les exigences du commerce qui a pris de jour en jour une extension plus considérable. Le problème n'était donc pas encore résolu.

Eclairé par les études de ses devanciers,

l'ingénieur Hippolyte Peut a indiqué la solution du problème. Son projet consistait à mettre le Rhône en communication directe avec la haute mer sans passer par les embouchures reconnues désormais impraticables.

Nous donnons quelques fragments du Mémoire consacré à l'historique de ce beau travail soumis à l'appréciation du gouvernement et des Chambres de commerce les plus intéressées à sa prompte exécution.

« M. Hippolyte Peut propose d'abandonner cette voie précaire et périlleuse en faveur d'un canal qui couperait la base de la presqu'ile et permettrait aux navires de communiquer librement, et par tous les temps, du Rhône à la pleine mer sans affronter les risques de la barre et sans doubler la presqu'ile.

« Après vingt années consacrées à de minutieuses enquêtes; après avoir pris l'avis de tous les hommes compétents, le gouvernement de Napoléon III entra dans la voie de l'action. Commencés en 1863, les travaux furent terminés en 1870. En voici l'énumération sommaire :

« Une écluse de 160 mètres de longueur,

large de 22 mètres et d'une profondeur de 7m50 fait communiquer le Rhône avec un bassin maritime d'une superficie de 14 hectares. Ce bassin est en communication directe avec la haute mer par un canal de 3,500 mètres de longueur, sur 64 mètres de largeur et d'une profondeur de 6 mètres. Ce canal débouche dans la Méditerranée par l'anse du Repos, et il est protégé contre l'action des courants par une immense jetée terminée par un phare d'une grande puissance. L'ensemble de ces travaux a nécessité une dépense de 20 millions de francs. »

En 1885, une Compagnie a entrepris, sans subvention ni garantie d'intérêt, la construction d'un chemin de fer entre Saint-Louis et Arles, qui a été inauguré en 1887, et qui aboutit à Arles dans la gare P.-L.-M.

Ainsi, sans transbordement, les navires venant de l'Orient, de l'Afrique et de l'Egypte peuvent aborder à Saint-Louis. Arrivés dans le bassin, il sont déchargés sur les quais ou sur des paquebots en destination pour Lyon. De leur côté, les paquebots qui descendent de Lyon viennent s'amarrer à Saint-Louis, bord à bord avec les navires, ou le long des quais qui ont 50 mètres de large, sur une étendue de 1.500 mètres. Ces quais sont sillonnés par des voies ferrées qui permettent à des grues à vapeur et à d'autres appareils similaires de circuler facilement pour le service du chargement ou du déchargement immédiat des navires.

Des sociétés houillères y construisent de vastes entrepôts de charbon. L'une d'elles y fait des agglomérés; une maison de Paris vient d'y établir d'immenses réservoirs pour recevoir le pétrole qui arrivera par navires-citernes.

Les quais sont encombrés de céréales, blés, maïs, de barriques de vins d'Espagne et de Portugal, de caisses, de ballots de laine, apportés par les vaisseaux, des monceaux de charbons et de minerais de différente nature, de gueuses de fonte, d'énormes blocs de fer et d'acier, de pierres à bâtir, de sacs de chaux et de ciments hydrauliques, et généralement de produits naturels ou fabriqués qui descendent de l'intérieur du pays par le Rhône et les chemins de fer; les portefaix, les douaniers et autres employés des administrations officielles et des diverses compagnies fluviales et maritimes; les équipages et matelots des navires de toutes les côtes de la Méditerranée, avec leurs costumes étranges et pittoresques: tout cela vous donnera une idée du mouvement que présente Port-Saint-Louis.

Cette activité est de fort bon augure pour l'avenir de la ville. D'ailleurs, les recettes de la douane augmentent dans une proportion considérable et attestent un résultat qui dispense de tout commentaire.

Les bureaux, comptoirs, magasins et entrepôts des compagnies qui ont un gérant à Saint-Louis sont disposés le long du bassin. Ceux de la Compagnie Générale de Navigation du Rhône sont les plus considérables; son Agent principal y possède une jolie habitation, dans un grand bâtiment faisant face au Rhône et au Bassin.

C'est le moment de rappeler que les beaux travaux du Canal et du Port Saint-Louis, terminés en 1870, sont restés onze ans abandonnés et absolument improductifs; c'est seulement en 1881 que, grâce à l'initiative de MM. J. Bonnardel et A. Larue, le président et le directeur de la Compagnie Générale de Navigation, la tête de ligne du Rhône a été reportée d'Arles à Saint-Louis.

En voyant aujourd'hui le mouvement maritime et fluvial du Port, on peut trouver tout naturel que la Compagnie Générale soit venue s'installer à Saint-Louis, mais la situation n'est plus la même et s'est déjà bien modifiée car, en 1881, il y avait 50 habitants à Saint-Louis, et à peu près aucune ressource. En revanche, le pays avait une réputation d'insalubrité qui faisait que les équipages du fleuve comme ceux des navires, étaient peu disposés à fréquenter le nouveau Port.

Grâce à l'énergie, à la persévérance des uns, à la bonne volonté des autres et surtout aux avantages de la situation, on peut affirmer qu'un mouvement régulier s'est établi à Saint-Louis, et qu'il ne fera que suivre un développement progressif (1).

La Tour est le seul monument qui remonte avant la fondation de la nouvelle ville de Port-Saint-Louis. Elle est bâtie en belles pierres de

(1) Voir à la fin de l'ouvrage le tableau du mouvement de Saint-Louis à partir de 1881.

taille, et présente un quadrilatère massif. Elle a deux étages voûtés et percés de trois croisées chacun sur ses quatre faces. Le troisième étage est une plate-forme entourée d'un parapet ouvert par quatre créneaux disposés pour quatre bouches à feu. Chaque angle est flanqué d'un guérite en surplomb. Une petite tourelle s'élève encore de plusieurs mètres au-dessus de la terrasse. Là se tenait une vigie. Au rez-de-chaussée s'ouvraient des embrasures pour des canons. La porte d'entrée était défendue par un balcon à machicoulis. Une muraille bastionnée entourait cette tour.

D'un bon style et d'une grande pureté de forme et d'aspect, elle paraît aujourd'hui lourde et écrasée; elle mesure six mètres environ de large et seize de hauteur; mais par suite des alluvions et des nouveaux travaux, elle se trouve enfouie de plus de deux mètres au-dessous du sol actuel. Un détachement de vétérans en formait la garnison; un poste de douaniers et une brigade de gendarmerie y étaient aussi établis. Aujourd'hui, elle appartient à l'administration des Ponts-et-Chaussées. A côté, un service de santé s'appelait la *Quarantaine*.

La faible population se composait de marins et de pêcheurs.

Le plus grand nombre des maisons, à un étage seulement et où l'on voit tous les petits métiers d'une ville naissante, sont groupées aux environs de la Tour et aux amorces des rues à venir, dont le plan existe dans le hall de l'hôtel Saint-Louis. L'hôtel est parfaitement organisé; on y trouve tout le confort désirable. Un jardin et quelques arbres : acacias, platanes, tamarins, cyprès, égaient un peu cet établissement. On se met à suivre cet exemple : de petits jardinets, conquis sur le désert, accompagnent la plupart des nouvelles habitations.

La gare du nouveau chemin de fer se trouve à l'entrée du bourg. Des embranchements vont s'amorcer au réseau des quais, du bassin et du canal, où ils prennent directement certaines marchandises destinées à Lyon et aux gares intermédiaires.

L'église a été prise dans une vaste construction oblongue, bois et briques, dite la *Cantine*, ancienne hôtellerie des premiers ouvriers italiens qui travaillaient au creusement du bassin et des canaux. La cure et les écoles de petits garçons et de petites filles occupent l'autre partie. Non loin, sur les bords du Rhône, on voit la gendarmerie et le jardin qui en dépend, un des mieux tenus de la localité.

Les immenses terrains sur lesquels on pourra établir fabriques, usines, chantiers et habitations pour une ville de 100,000 âmes appartiennent à la Société Immobilière, dont le siège est à Paris. La population n'est guère à présent que 1500 individus. Elle dépend, au temporel comme au spirituel, de la ville d'Arles, éloignée de quarante-deux kilomètres. Bientôt, on l'espère, elle fera commune à part, ce qui, jusqu'à présent a été vainement demandé.

En attendant ces desiderata prévus. le mieux pour nous sera de dire un mot sur l'aspect que présentait la Crau ainsi que la presqu'île dite le Plan-du-Bourg, qui est à présent coupée du continent par le canal et le bassin de Port-Saint-Louis.

Située entre le Rhône et le golfe de Fos, depuis l'année 1747, époque de la construction de la Tour, cette langue de terre, qui va en ce rétrécissant, s'est allongée par suite des apports successifs du fleuve. Partie occidentale et méridionale de la Crau, et parallèle à la Camargue, elle mesure huit lieues de long sur une de large à l'endroit où est creusé le canal. Son aspect et sa constitution géologique rappellent la Camargue. De grandes propriétés commencent déjà à donner de la vie au pays. Un riche industriel lyonnais a montré le bon exemple qui sera bientôt suivi de près.

Retournons à Saint-Louis, et terminons notre voyage en prenant un des remorqueurs de la Compagnie Générale de Navigation, qui, par le bassin et le canal, conduisent des chalands pour Marseille.

Après un voyage maritime de quatre heures, où nous avions vu l'anse du Repos, le golfe de Fos, le port de Bouc, le débouché de l'étang de Berre et le pittoresque village des Martigues; après avoir doublé le cap Couronne, ayant à gauche les côtes déchirées du continent, à droite l'immensité de la pleine mer, devant nous Notre-Dame de la Garde, nous débarquons dans les bassins de la Jolliette, d'où gagnant la gare du chemin de fer nous montons dans le train qui nous ramène à Lyon, après une absence de plusieurs jours, pendant lesquels nous avons recueilli cette abondante moisson de notes et de renseignements qui nous ont permis de composer le volume que nous avons la satisfaction de présenter aujourd'hui au public...

Mouvement de Port-Saint-Louis-du-Rhône

ANNÉES	ENTRÉES			SORTIES			MOUVEMENT GÉNÉRAL		
	Nombre de Navires et Bateaux	Tonnage de Jauge	Tonnage effectif	Nombre de Navires et Bateaux	Tonnage de Jauge	Tonnage effectif	Nombre de Navires et Bateaux	Tonnage de Jauge	Tonnage effectif
1881	254	111.695	55.100	254	111.695	53.400	508	223.390	108.500
1882	319	126.622	49.600	319	126.622	49.200	618	253.244	98.800
1883	331	152.600	71.800	331	152.600	72.800	662	305.200	144.600
1884	411	188.800	86.000	411	188.800	76.500	822	377.600	162.500
1885	495	237.334	112.230	495	237.334	109.230	990	474.668	221.460
1886	557	263.350	137.959	557	263.350	136.493	1114	526.700	274.452
1887	623	273.563	155.380	623	273.563	156.638	1246	547.126	312.018
1888	667	303.499	178.319	667	303.499	199.072	1334	606.998	377.391

OUVRAGES du MÊME AUTEUR

Vie militaire du baron Raverat.
A travers le Dauphiné.
Autour de Lyon.
Les vallées du Bugey (arrondissement de Belley).
Les vallés du Bugey, (arrondissement de Nantua).
Savoie.
Haute-Savoie.
De Lyon à Montbrison.
De Lyon à la Cluse Nantua.
Le Dauphiné de Lyon à Grenoble.
Trion et le Ténement de Thunes.
Le Bugey, de Lyon à Genève.
Nouvelles Excursions en Dauphiné.
Fourvière, Ainay et Saint-Sébastien
Notre Vieux Lyon.
Lugdunum, Lyon.
De Lyon à St-Genis-d'Aoste.
Autour de Lyon, 2ᵉ édition, 1ʳᵉ série.
De Lyon à Trévoux et de Saint-Victor à Thizy.
Lyon sous la Révolution.
De Lyon à Chambéry par Saint-André-le-Gua.
Le nouveau pont de Francheville.
La Croix de Colle
Encore l'Amphithéâtre de Lugdunum.
La Fontaine de St-Epipoy.
Autour de Lyon, 2ᵉ édition, 2ᵉ série.
Le Dauphiné de Lyon à Grenoble, 2ᵉ édition.
De Lyon à Châtillon-sur Chalaronne.
De Lyon à Vaugneray.
Lugdunum (Légende de Clitophon).
Le Grand Cheval-blanc et la Grille de la Grenette.
La Boule d'Acier et l'Elixir des Chartreux.
Germain Pont, chanoine de Moûtiers en Tarentaise.
L'Homme de la Roche.
La 57ᵉ Demi-Brigade de l'Armée d'Italie.
Le nouveau Pont d'Alaï et le Tourillon de Craponne.
De Lyon à Mornant.
Autour de Lyon, 2ᵉ édition, 3ᵉ série.
Quelques mots sur les fouilles de Trion.
Autour de Lyon, 2ᵉ édition, 4ᵉ et dernière série.
Nombreux articles sur des sujets divers dans les Revues, Journaux, Recueils périodiques et Feuilles littéraires et scientifiques.

TABLE DES MATIÈRES

Introduction 5
Départ de Lyon 19
Ponton de Givors.............................. 28
Ponton de Vienne 32
Ponton de Condrieu 39
Ponton de Chavanay 43
Ponton de St-Pierre-de-Bœuf 45
Ponton de Serrières 48
Ponton d'Andance............................. 57
Ponton de St-Vallier 61
Ponton de Tournon 69
Ponton de Valence 90
Ponton de La Voulte 103
Ponton du Pouzin............................. 107

Ponton du Theil.......................... 118
Ponton de Bourg-St-Andéol............... 140
Ponton de Pont-St-Esprit................. 147
Ponton de Revestidou-Orange............ 156
Ponton de Montfaucon-Roquemaure....... 161
Ponton d'Avignon........................ 165
Port d'Aramon........................... 201
Port de Beaucaire-Tarascon.............. 206
Port d'Arles............................ 217
Port St-Louis 247

Imp. WALTENER ET C¹ᵉ, rue Belle-Cordière, 14. — Lyon

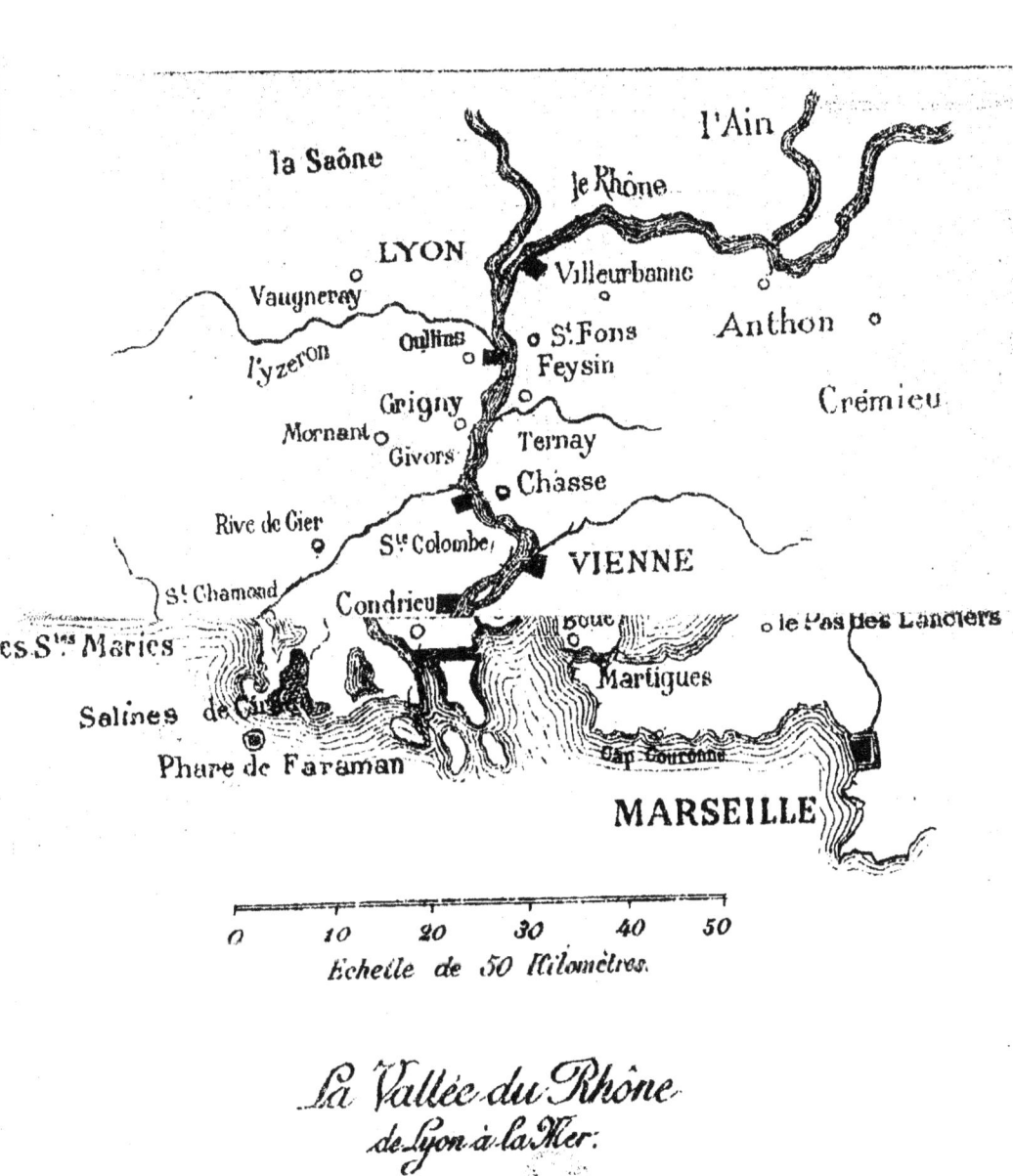

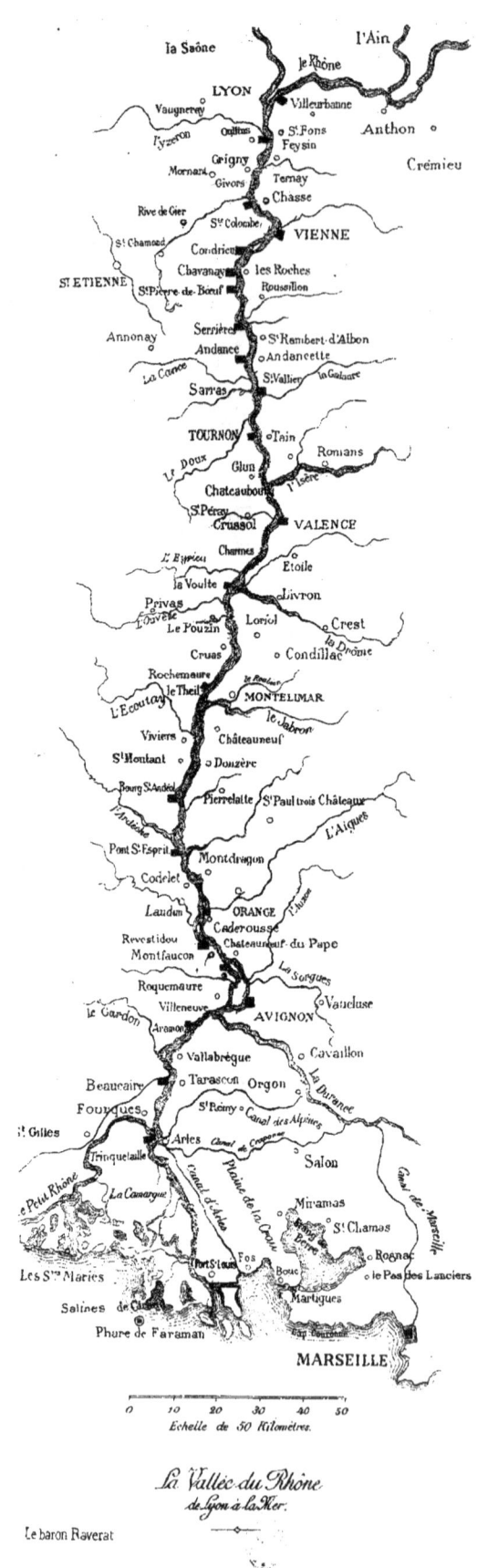

La Vallée du Rhône de Lyon à la Mer

Le baron Raverat

www.ingramcontent.com/pod-product-compliance
Lightning Source LLC
Chambersburg PA
CBHW050332170426
43200CB00009BA/1565